Edward H. Hartmann

Erfolgreiche Einführung von TPM

Edward H. Hartmann

Erfolgreiche Einführung von TPM
in nichtjapanischen Unternehmen

Deutsche Übersetzung
Dagmar Beese

Herausgegeben von
Hans Francke

Die Deutsche Bibliothek – CIP-Einheitsaufnahme

Hartmann, Edward H.:
Erfolgreiche Einführung von TPM in nichtjapanischen
Unternehmen / Edward H. Hartmann.
Dt. Übers. Dagmar Beese. Hrsg. von Hans Francke. –
Landsberg : Verl. Moderne Industrie, 1995
   Einheitssacht.: Successfully installing TPM in a non-Japanese
plant ‹dt.›

ISBN 3-478-91370-5

© TPM Press, Inc. 1992
Die Originalausgabe von Edward H. Hartmann ist unter dem Titel
»Successfully Installing TPM in a Non-Japanese Plant«
erschienen bei

TPM Press, Inc.
4018 Letort Lane, Allison Park
PA 15101-3131

© 1995 verlag moderne industrie, 86895 Landsberg
Umschlaggestaltung: Hendrik von Gemert, 86925 Fuchstal
DTP/Grafiken/Satz: Fotosatz Amann, 88317 Aichstetten
Druck: Druckerei Himmer, 86167 Augsburg
Bindung: Buchbinderei Thomas, 86167 Augsburg
Printed in Germany: 910 370 / 195 202
ISBN 3-478-91370-5

Inhalt

Vorkapitel des deutschen Herausgebers 9
Vorwort 25
Über den Autor 27

1 Die Welt des TPM 29

Die Japaner und TPM 30
Der Wille und der Weg 31
Der Herausforderung begegnen 33

2 Fertigung ist eine Herausforderung 35

Der globale Wettbewerb 35
Die Qualitätsanforderung 36
Just-in-time (JIT) 37
Reduktion der Zykluszeiten 37
Verkürzung der Rüstzeiten 38
Kostenreduktion 38
Ausweitung der Kapazität 39
Weitere Probleme 40
Die TPM-Lösung 41

3 Die Betriebsanlagen, der Brennpunkt von TPM 43

TPEM (Total Productive Equipment Management) 44
Nutzung der Fertigungsanlagen 44

Das Management der Betriebsanlagen 45
Senken der Kosten der Maschinenlebensdauer 54
Wie Sie das Beste aus Ihren
neuen Maschinen holen 57
Die Ziele des TPM 60
Die Elemente des TPEM 62
Die Bedeutung von »total« 64
Die TPM-Organisation 65

4   Die Macht von TPM 69

TPM wirkt sich auf die ganze Produktion aus 69
Reduzieren der Ausschußrate 71
Die Passion der Produktivität 72
Die Kontrolle der Instandhaltungskosten 72
Verbesserung Ihres Sicherheitsstands 75
Die Zahl unter dem Strich 76
Beteiligung der Angestellten 78
Die Macht von TPM anwenden 79

**5   Das Messen der realen Produktivität
      Ihrer Anlagen** 81

Aufdecken der versteckten Fabrik 81
Die Anlagenproduktivität 81
Die Ausfälle der Anlagen 84
Berechnung der Anlageneffizienz 89
Die Anwendung der Formeln 95
Die OEE-Ziele 97
So setzen Sie Ihre Prioritäten 99

6 Machen Sie die TPM-Installation maßgeschneidert für Ihr Unternehmen 101

Die TPM-Strategie 101
Die Bausteine von TPEM 103
Autonome Instandhaltung und der kleine
Unterschied zu Japan 103
Ein bißchen Vorbeugen ist nicht genug 106
Die Verbesserung Ihrer Anlagen 107
Die Strategie der TPM-Installation 108

7 Wieviel autonome Instandhaltung wird gebraucht? . 113

Maßgeschneiderte autonome Instandhaltung 114
Grenzen erkennen 115
Schulung – Der Schlüssel zum TPM-AM 117
Schulung während der Arbeit
(On-the-job-Training, OJT) 118
Stufen der Schulung 120
Die Kosten von TPM-AM 120
Zertifizierung 122
Das Konzept »Meine Maschine« 123

8 Entwurf und Installation eines effektiven PM-Programmes 127

Die Arten von PM 128
PM-Strategie 132
Ein effektives PM-System 132
Die Geheimnisse einer erfolgreichen PM 147
Auf die Maschinenführer gestützte PM
(innerhalb TPM) 147
Computerfreundlich 148

9 Verbesserung der Betriebsanlagen mit Hilfe von Techniken zur Problemlösung 151

CATS 151
Füttern der CATS 152
Die Sitzungen der kreativen Arbeitsgruppen 163
Analyse der Probleme 164
Die Reaktion der Arbeiter 167

10 Die Machbarkeitsstudie 169

Umfang der Machbarkeitsstudie 171
Organisation einer Machbarkeitsanalyse 186
Durchführung der Machbarkeitsanalyse 187
Bericht über die Machbarkeitsstudie
und seine Präsentation 190

11 Die TPM-Installation 195

Phase I: Planung und Vorbereitung der Installation 195
Phase II: Die Pilotinstallation 221
Phase III: Werksweite Installation 241

12 TPM-Installation auf der Überholspur 249

Abbildungsverzeichnis 255

Stichwortverzeichnis 256

Vorkapitel des deutschen Herausgebers

Die neue Welt der Managementmodelle: Lean Production, TQM, Kaizen, Just-in-time und TPM – Total Productive Maintenance

Neuer Wein in alten Schläuchen? Oder alles schon mal dagewesen? Beim Lesen all der vielen neuen Bücher zu neuen Managementtechniken beschleichen mich schon gelegentlich leichte Zweifel, ob alles, was so auf den Markt gebracht wird, wirklich neu ist.

Natürlich müssen sich Organisationen laufend erneuern und an ständig neue Umweltbedingungen anpassen. Die Instandhaltung kann und darf davon nicht ausgenommen werden. Die Instandhaltung ist eine »Querschnittsfunktion« in der Wirtschaft, die bei Produkten und Produktionsanlagen ebenso wie bei Dienstleistungen und deren Betriebsmitteln eine wichtige Rolle spielt. Sie schützt nicht nur den Nutzungsvorrat aller Produkte und Produktionsanlagen, sondern auch die Umwelt. Instandhaltung erhöht die Lebensdauer von Produkten und Produktionsanlagen und optimiert somit den Ressourcenverbrauch. Sie ist deshalb ein wichtiger wirtschaftlicher und gesellschaftlicher Faktor, der gute Technik, optimale Organisation und hochmotivierte Mitarbeiter benötigt.

Sind dazu aber neue Organisationsformen nötig? Klar, ja! Instandhaltung kann heute nicht mehr als ein isoliert zu betrachtender Betriebsteil angesehen werden, sondern muß integrativer Bestandteil eines Unternehmens sein. Damit begibt sich vom Prinzip her die Instandhaltung wieder zurück zu ihren Wurzeln.

Wer einmal Muße hat, darüber nachzudenken bzw. sogar Zeit, sich aufs Land zu begeben, der sehe sich mal einen Bauernhof genau an. Der Landwirt als Unternehmer ist neben seiner Aufgabe als Produzent, Verwalter und Kaufmann gleichzeitig auch sein erster und heute oft einziger Instandhalter.

Auch heute ist dies noch so. Auf den landwirtschaftlichen Betrieben findet man allenthalben den Landwirt mit einem Zweitberuf oder einer vielfältigen, in den Winterszeiten erworbenen technischen Qualifikation, die ihn in die Lage versetzt, in der »stillen landwirtschaftlichen Zeit« Haus, Hof und Geräte weitgehend autark instandzuhalten bzw. instandzusetzen.

Was kann man daraus erkennen? Die Instandhaltung in ihrer Urform war sicherlich eine »integrierte«. Erst durch die immer stärker werdende Automation, durch die Verkettung von Anlagen, durch die Einführung von Prozeßleitsystemen und modernster Technik kam es zu der heute üblicherweise vorzufindenden Arbeitsteilung und damit zu anderen Organisationsformen. Zuerst entwickelte sich die dezentrale, daraus dann die zentrale Instandhaltung. Und heute, unter dem Eindruck einer gerade abklingenden weltweiten Rezession, die die Industrienationen vor schwerste Kostenprobleme gestellt hat, fragen sich viele Unternehmen, ob man nicht brachliegende Ressourcen dadurch wieder aktivieren kann, daß man die Mitarbeiter, die vor Ort produzieren, auch mit der Instandhaltung ihrer Maschinen betraut.

Zurück zu den Wurzeln! Oder, TPM – Total Productive Maintenance war geboren.

Hindernisse für TPM in Deutschland

Technisch gesehen gibt es für die Einführung von TPM bzw. die Integration der Instandhaltung in den Produktionsbereich keine Hindernisse. Es sei denn, man verwechselt bzw. interpretiert den Begriff »total« mit »alles« und meint damit jede Art von Instandhaltung, also Wartung, Inspektion und Komplettinstandsetzung einschließlich der von komplizierten Maschinen und Steuerungen. Dann gibt und gäbe es wohl große technische Probleme. Ein typisches Hindernis, das der erfolgreichen Einführung von TPM mitunter entgegensteht, ist der schlechte technische Zustand mancher Anlagen. Wenn dieser so weit geht, daß nur Spezialisten zu ihrer Rettung bzw. Sanierung in der Lage sind, dann hat auch TPM nur eine geringe Chance.

Bei der Betrachtung der meisten Aufbauorganisationen in deutschen Unternehmen dürften hier erhebliche Hindernisse für die Einführung von TPM liegen. Man kann lapidar dazu sagen, je mehr Hierarchiestufen in einem Unternehmen auch in der Instandhaltung vorhanden sind, desto schwieriger wird die Einführung von TPM sein. Die Gründe dafür sind ganz einfach. Hierarchiestufen müssen bei dieser Betrachtungsweise abgebaut werden und es wäre doch gelacht, wenn sich auf den verschiedenen Ebenen nicht eine Reihe von potenten Verhinderern finden ließe.

Bei der Übernahme von japanischen Modellen hat es in Europa oder den westlichen Industrienationen nur teilweise Erfolge gegeben, wenn man versucht hat, das japanische Denken eins zu eins zu übernehmen. Ich meine, wir haben das in

Europa, in Deutschland, erstens nicht nötig, zweitens müssen wir davon ausgehen, daß wir eine ganz andere Mentalität bei den Menschen vorfinden. Europäer, Deutsche, sind von Hause aus und aus Tradition nicht zum Gruppenverhalten erzogen bzw. trainiert worden.

Wird TPM nun in deutschen Betrieben nach japanischem Muster zu Erfolgen führen? Ja, wenn man, wie E. H. Hartmann, den westlichen Ansatz kennt! Wird es möglicherweise sogar zu einer TPM-Revolution kommen? Ich sage ohne Pessimismus nein, denn seit den Tagen von Lenin, und der verstand schließlich etwas davon, wissen wir, daß Revolutionen nur dann erfolgreich sind, wenn »die da unten« die bestehenden Verhältnisse als unerträglich empfinden und »die da oben« keine Lösungsmöglichkeiten zur Bewältigung von Krisen sehen.

Soweit ist es aber in der westlichen Industrie noch lange nicht. Nur, was lernen wir daraus? TPM wird nur mit und nicht gegen die Hierarchien durchgeführt werden können. Zu viele Hierarchiestufen werden TPM verhindern. TPM muß gründlich erarbeitet werden; die Hierarchiestufen sind auszudünnen.

Effekte von TPM

TPM stellt ganz deutlich den Menschen in den Mittelpunkt der Betrachtungen. Im vorliegenden Buch werden von Hartmann die westlichen Ansätze dazu logisch und folgerichtig dargestellt. Sie gehen auf japanische Überlegungen zurück; Hartmann berücksichtigt aber das Denken westlicher Industrienationen. Aus deutscher Sicht kommt meiner Ansicht nach noch dazu, daß die amerikanischen Mitarbeiter nicht durch das deutsche berufliche Bildungswesen gegangen sind und deshalb die Frage deutscher Qualifikationen bei der Einführung von TPM eine entscheidende Rolle, im positiven wie im negativen finden kann. Die Gedanken von »Total Productive Maintenance« gehen weitgehend alle auf die Definitionen von S. Nakajima zurück, und ich möchte an dieser Stelle diese Definitionen in einer Interpretation von Altmeister Horst Grothus übernehmen:

Total Productive Maintenance (TPM) vereinigt folgende Maßnahmen:

❏ *Totale Anlageneffektivität (Total Effectiveness):* TPM strebt an, die Gesamtanlageneffizienz (weiter unten von ihm definiert als die relative Ausbringung guter Produkte) zu maximieren.

❏ *Totale Anlagenerhaltung (Total Maintenance System):* TPM beteibt ein durchgehend wirksames System der vorbeugenden Instandhaltung während der ganzen Lebensphase der Maschine. Hierzu gehören
  • Vermeidung von Instandhaltung (von ihm als »Schadensverhütung« bezeichnet),
  • Verbesserung der Instandhaltebarkeit mit konstruktiven Mitteln (von Grothus als »vorbeugende Systemkonstruktion« bezeichnet),
  • routinemäßige Wartung und Inspektion.

❏ *Totale Mitarbeitermotivation (Total Participation of all Employees):* TPM beruht auf dem Engagement aller Mitarbeiter des Unternehmens:
  • TPM wird in den verschiedenen Abteilungen des Unternehmens eingeführt (Technische Planung, Produktion und Instandhaltung).
  • TPM schaltet jede(n) einzelne(n) Mitarbeiter/in des Unternehmens (von Topmanager/innen bis zum/zur Arbeiter/in) ein.

- TPM basiert auf der totalen Anlagenerhaltung, die durch autonome Kleingruppen (»Fraktalen« nach Hans-Jürgen Warnecke) gesteuert wird (dies ist das besondere an TPM gegenüber allen anderen Instandhaltungsphilosophien).

❏ TPM ist ein Teil der sogenannten »Lean Production« (Pfeifer, W. und Weiß, E., 1992). Es konzentriert sich auf die Menschen im Betrieb:
  - Die Arbeiter/innen an der Basis werden als am kompetentesten gewürdigt und diese Kompetenz wird voll genutzt.
  - Sie handeln im Team.
  - Sie steuern autonom ihre Prozesse.
  - Permanent verbessern und perfektionieren sie ihre Prozesse und Betriebsmittel.
  - Die Menschen lernen an den Problemen.
  - Für das Beobachten der Regelparameter bedienen sie sich leicht eingängiger visueller Hilfsmittel.
  - Zum Durchsetzen dieser Systeme setzt TPM einen mächtigen »Heavy Weight Manager« ein.

Auch die Organisation von TPM folgt den Grundsätzen des Lean Managements:

❏ TPM konzentriert sich auf die Kernaktivitäten, d.h. das Produzieren selbst.

❏ TPM baut unnötige Arbeitsteilung ab.

❏ TPM baut die Aktivitäten ab, die nicht unmittelbar zum Wertzuwachs beitragen (Instandhaltung, Qualitätskontrolle, Arbeitsvorbereitung, nicht ausgenutzte Informationssysteme).

❏ TPM eliminiert die Verluste (Störungen, Versagen, Schäden, Qualitätsmängel, Produkt- und Geschwindigkeitseinbußen).

❏ TPM beschränkt sich nicht auf die Ergebnisse, sondern verbessert die Prozesse auch dann, wenn sich das nicht unmittelbar auf die Ergebnisse auswirkt (»tidy factory«).

❏ TPM entwickelt und verbessert laufend Standards.

Erfolgsbeispiele von TPM

Vor rund acht Jahren wurde ich als Vorsitzender des REFA-Fachausschusses Instandhaltung mit meinen Kollegen zu einer Sitzung nach Bergzabern, Südpfalz, zur Firma DEMAG eingeladen. Wir haben viel Interessantes dort gesehen, waren aber alle etwas erstaunt, daß uns auf die Frage, wie viele Mitarbeiter in der Instandhaltung tätig seien, mitgeteilt wurde: »… ein Schlosser und ein Elektriker…«. Bei damals insgesamt 450 Mitarbeitern, die im Unternehmen Hebezeuge herstellten, ein erstaunlicher Wert. Die Lösung des Rätsels war relativ simpel und einfach. Die Einrichter der Maschinen waren, wenn sie nicht einrichteten, als Instandhalter tätig. Die Mitarbeiterstruktur des Unternehmens wies zu diesem Zeitpunkt 47 Prozent Facharbeiter des Metall- und Elektrohandwerks auf. Man sprach hier nicht von TPM, aber es war deutlich, daß die Instandhaltung eine integrierte war.

Auf entsprechenden Fachkongressen wurde in den letzten Jahren immer wieder von Modellen bei Audi (Ingolstadt), Löhr und Bromkamp, Kässbohrer (Ulm) und anderen erfolgreichen TPM-Einführern berichtet. In Coburg hat die Firma Brose, Automobilzulieferer, in Zusammenarbeit mit dem IPA (Stuttgart) von Professor H.-J. Warnecke begonnen, die fraktale Fabrik umzusetzen. Dabei wurde auch die Instandhaltung neu organisiert und formiert. Die Warnecke-Leute propagieren das Fraktal als eine selbständig agierende Unternehmenseinheit mit folgenden Merkmalen:

- ❏ Fraktale sind »selbstähnlich«, indem sie alle gleichwertige Dienste leisten.
- ❏ Sie treiben selbst Organisation.
- ❏ Ihre Zielsysteme dienen dem Unternehmen.
- ❏ Sie sind vernetzt über ein Informations- und Kommunikationssystem, bestimmen selbst Art und Umfang ihres Zugriffes auf die Daten.
- ❏ Ihre Leistung wird ständig gemessen.

Von einem Instandhalterkollegen hörte ich eine sehr einleuchtende Beschreibung eines Fraktals. Stellen Sie sich einen Blumenkohl vor. Wenn Sie aus diesem Blumenkohl einen großen Teil herausbrechen und dies so lange tun, bis sie ein Blumenkohlröschen in der Hand haben, dann ähnelt das wiederum dem gesamten Blumenkohl. So in etwa kann man sich ein Fraktal vorstellen.

Man könnte an dieser Stelle noch andere Beispiele aufführen, etwa Fichtel & Sachs, Schweinfurt u.ä. Auf alle Fälle ist die »Szene Instandhaltung« in Bewegung.

Das Typische an den bestehenden Anfangsbedingungen vor einem TPM-Projekt in Deutschland

Ich glaube, eine sehr harte, aber vielleicht nicht von der Hand zu weisende Definition ist die: Es muß einem Unternehmen wirtschaftlich so schlecht gehen, daß man sich über bestehende Strukturen einfach Gedanken machen muß, wenn man die letzte vorhandene Chance noch ergreifen will. Dies birgt allerdings eine große Gefahr in sich. Geht es diesen Unternehmen, aus welchen Gründen auch immer, nur halbwegs wieder besser, dann können nicht nur die Einführung von TPM, sondern generelle Neustrukturen schnell beiseite geräumt werden, wenn die Unternehmensleitung nicht energisch hinter der ganzen Sache steht.

Wie man sich solche Ausgangsszenarien vorzustellen hat, schildert Dr. Alfred Weigel in seinem »Insider-Report« im Dezember 1994.

»... Entscheidungen von Geschäftsleitungen, ein Rationalisierungsprojekt in der Instandhaltung durchführen zu wollen, stoßen selten auf Begeisterung bei den direkt betroffenen Linienmanagern und Mitarbeitern. Die Begründungen für diese Entscheidung basieren meist auf dem Vergleich von Instandhaltungskennzahlen des eigenen Unternehmens mit Konkurrenzunternehmen, dem allgemeinen wirtschaftlichen Druck oder einem besonders hohen Kostenanstieg in der Instandhaltung während der letzten drei Jahre...«.

Untersuchungsergebnisse von Projektteams, in die in den meisten Fällen externe Berater eingebaut sind, ergeben folgendes Bild:

»... tendenziell steigender IH-Aufwand bei niedrigem Investitionsvolumen und sinkendem Anlagenbuchwert läßt den Rückschluß auf einen langsam technisch ausblutenden Standort zu. Das Eigenpersonal verringert sich, Fremdleistungen steigen überproportional. Rationalisierung wurde eingekauft. Die IH-Kosten, bezogen auf den Wiederbeschaffungswert für die Infrastruktur, sind tendenziell höher als die IH-Kosten für die Produktionanlagen. Bei stagnierendem Umsatz steigt der IH-Aufwand. Die Instandhaltung pflegt mehr Gebäude und Infrastruktur als die wertschöpfenden Prozesse.

Die Struktur der Instandhaltung ist total überfrachtet. Dem Werkstattleiter berichten z.B. 21 Mitarbeiter, davon 15 Linienverantwortliche (Meisterbetriebe) und sechs Stabsfunktionen. Eine Arbeitsvorbereitung ist ansatzweise vorhanden. Die Qualifikation der Mitarbeiter ist hoch, der Facharbeiter anteilig nahe bei 100 Prozent. Die Altersstruktur tendiert in Richtung Überalterung, das Durchschnittsalter liegt bei 45 Jahren, ca. 20 Prozent der Mitarbeiter haben gesundheitliche Probleme, sind daher nur begrenzt einsetzbar. Die Führung wird insgesamt als schwach bezeichnet. Geringes Kostenbewußtsein und »Kästchendenken« sind stark ausgeprägt. Dafür herrscht ein hohes Sozialbewußtsein und Sicherheitsdenken.

Das Werkstattlayout hat vier Hauptmängel. Es gibt zu wenig Meisterbüros. Teilweise teilen sich drei Meister ein Büro. Die Büros sind mit zu wenig PCs ausgestattet. Es fehlt ein Besprechungsraum. Die »Raucherecke« ist uneinsehbar im Keller versteckt. Der Maschinenpark ist stellenweise veraltet.

Die Ersatzteilbeschaffung ist sehr komplex. Jährlich verlassen ca. 10.000 Bestellungen die Werkstatt. 75 Prozent sind unproblematisch, da es sich um Nachbestellungen von lagerhaltigen Teilen handelt. Die restlichen 25 Prozent verursachen 90 Prozent des Bestellaufwandes, da die notwendigen Bestelldaten in der Regel sehr aufwendig ermittelt werden müssen, wenn es sich um nichtbestandsgeführte Teile handelt. Insgesamt umfaßt das Ersatzteillager ca. 10.000 verschiedene Positionen.

Welche Schlüsse hieraus gezogen werden können, überlasse ich dem werten Leser...«

Was leistet (im Vergleich) die klassische deutsche Instandhaltung?

Die klassische deutsche Instandhaltung, wenn es sie denn so gibt, leistet sehr unterschiedliches. Aus den vielen Diskussionen mit rund 500 Teilnehmern des REFA-Instandhalterpaß-Seminares ergibt sich für mich folgendes Bild:

Die großen Industrieunternehmen, vor allen Dingen die prozeßorientierten, verfügen in der Regel schon traditionsgemäß über gut organisierte Instandhaltungsabteilungen. Diese sind zentral oder dezentral organisiert. Dabei werden folgende Trends erkennbar:

❏ Firmen mit weniger als 100 Mitarbeitern verfügen selten über eine eigenständige Instandhaltung. Die Unterstützung der Instandhaltungstätigkeiten durch EDV ist meist nicht vorhanden. Die Güte der Instandhaltung hängt hauptsächlich vom Führungspersonal, meist einem Meister des Fachbereichs Mechanik oder Elektrik ab. Ist dieser ein ausgezeichneter Fachmann, dann ist auch die Instandhaltung der Anlagen und Maschinen nicht schlecht. Ist das nicht der Fall, treten hier Mängel auf, wie sie in einem rein meisterlichen Betrieb überall anzutreffen sind. Methodisches und systematisches Vorgehen wird in diesen Firmen auch von der Geschäftsleitung kaum gefordert.

❏ Firmen, die 100 bis 500 Mitarbeiter beschäftigen, zeigen meistens ein ähnliches Bild. Die Meistereien sind jedoch schon in Mechanik, Elektrik und Gebäudeinstandhaltung getrennt. Aber auch hier ist die Qualifikation, der Einsatz, die Motivation, das Können der Meister der entscheidende Faktor für die Güte der Instandhaltung. Durch den oben bereits angedeuteten Druck durch Zertifizierungen ist der Einsatz von EDV-Systemen weiter fortgeschritten. Die Suche nach methodischem Vorgehen, das der DIN ISO/EN 9000 entspricht, ist verstärkt spürbar.

❏ Firmen zwischen 1.000 und 2.000 Mitarbeitern verfügen meist über eigenständige Instandhaltungsabteilungen.

Die reine Meisterinstandhaltung wird hier ingenieurmäßig erweitert. Methodisch wird einiges getan. EDV wird in der Regel zur Unterstützung von Wartungs- und Inspektionsaktivitäten eingesetzt. Der Wunsch, Veränderungen in der Instandhaltung zu bewirken, scheint hier am stärksten zu sein.

Was kann in deutschen Unternehmen die Weiterbildung für TPM leisten, was die Personalentwicklung?

Ich habe den Eindruck, daß das deutsche berufliche Bildungssystem in den letzten Jahren, vor allen Dingen unter dem enormen Kostendruck, unter den die Unternehmen geraten sind, etwas gelitten hat bzw. unberechtigterweise in Verruf gekommen ist. Zugegeben, die Anforderungen an die Ausbildung von Fachleuten der Instandhaltung sind hoch. Sie sind deshalb hoch, weil die Anforderungen von Gewerk zu Gewerk, von Objekt zu Objekt, von Funktion zu Funktion unterschiedlich sind und dies sogar noch innerhalb eines Unternehmens. Wollen wir schon in einem sehr frühen Stadium den Spezialisten oder den Generalisten ausbilden? Dessen ungeachtet hat sich die berufliche Ausbildung natürlich vom allgemeinen Hang zum Theoretischen mitreißen lassen.

Was aber kann und soll die Weiterbildung für die Zukunft der Instandhaltung leisten? Ich bin der Meinung, daß eine Instandhaltung, gleich in welcher Organisationsform sie durchgeführt wird, entscheidend davon abhängig ist, wie gut die Mitarbeiter ausgebildet und motiviert sind, ihre Kenntnisse umzusetzen. Dazu gehört unverzichtbar der deutsche Facharbeiter mit seiner qualifizierten Grundausbildung. Hier muß mit Argusaugen darauf geachtet werden, daß diese Ausbildungen möglichst rasch und unkompliziert an die

Gegebenheiten, an den Bedarf in der Wirtschaft angepaßt werden.

Als eine Weiterbildungsaufgabe sehe ich einen verstärkten Bedarf darin, die Mitarbeiter der Produktion an Themen der Instandhaltung heranzuführen. Dies sollte methodisch geschehen. Eine gute Vorgehensweise ist dabei die Arbeitsunterweisung mit der 4-Stufen-Methode. Hier sollte nicht pauschal allen Produktionsmitarbeitern oder allen Mitgliedern einer autonomen Gruppe alles beigebracht werden. Vielmehr ist es wichtig, daß mit Augenmaß und nach Beurteilung des persönlichen Könnens und Wollens individuelle Ausbildungsprogramme aufgestellt und in kleinen verdaubaren Schritten durchgezogen werden.

Daneben muß der aus der Fachausbildung kommende Handwerker ständig weiter geschult und trainiert werden. Er muß Methoden bzw. Hilfsmittel für die Aufrechterhaltung der Funktionsfähigkeit des Fertigungsprozesses erlernen. Er muß sich mit prozeßorientierten Fehleranalysen/Korrekturmaßnahmen nach DIN ISO 9000 beschäftigen. Er sollte lernen, Fehleranalysen zu Qualitätsproblemen, am besten auch FMEA (Fehlermöglichkeits- und Einflußanalysen), anzuwenden und diese in Bezug zur Instandhaltung setzen zu können.

Für alle Gruppen gemeinsam, so meine ich, muß die Weiterbildung das Teamfähigmachen von Mitarbeitern und die Gruppenarbeit auf ihre Ausbildungs- bzw. Weiterbildungsfahne schreiben. Hier scheint mir bei allen Firmen ein relativ großer Nachholbedarf zu sein. Ausbildungsziele sollten sein:

❏ Anforderungen an den Einzelnen und die Gruppe zu erklären

❏ Grundregeln wirksamer Kommunikation zu erlernen

- Gesprächsführung in der Gruppe üben
- Methoden fairer Argumentation zu trainieren
- Körpersprache verstehen und zielbezogen einsetzen zu können
- Wahrnehmungsfähigkeiten nutzen zu lernen
- Verbesserungsvorschläge erarbeiten und verwirklichen zu können
- Moderationstechnik anwenden zu lernen
- Gruppenarbeit zu praktizieren
- Visualisierungstechniken zu verstehen und anzuwenden
- Übungen zu berufsnahen Situationen zu entwerfen und auszuprobieren
- Techniken der Selbsterfahrung und Selbstreflexion zu entwickeln

Die Mitarbeiter müssen:

- Gruppenprozesse verstehen und analysieren lernen
- auf bessere Zusammenarbeit hinwirken können
- gegenseitige Unterstützung fördern
- sich gegenseitige Abhängigkeiten bewußt machen und darüber hinaus selbständige Entscheidungsprozesse einleiten können

Diese Kenntnisse und Fähigkeiten sind es, die, das zeigt sich auch in diesem Buch, entscheidenden Anteil daran haben werden, ob TPM-Konzepte in der deutschen Wirtschaft Fuß fassen und eingesetzt werden können.

Welche Ziele muß die Instandhaltung konkret anvisieren und was kann TPM dabei leisten?

Die Ziele einer Instandhaltung hängen natürlich in hohem Maße von der Branche und vom Maschinenpark des einzelnen Unternehmens ab. Dennoch, ein paar gemeinsame Ziele sollen hier genannt werden.

- ❏ Instandhaltung soll einen angemessenen Beitrag zum Unternehmenserfolg leisten, indem sie mit allen zur Verfügung stehend Ressourcen ökonomisch und ökologisch wirtschaftet.
- ❏ Instandhaltung soll durch systematische, geplante Wartung, Inspektion und Instandsetzung, wie in DIN ISO/EN 9000 bis 9004 gefordert, gleichbleibend gute Qualität produzieren.
- ❏ Instandhaltung soll die Anlagenverfügbarkeit durch mehr Planung von Instandhaltungsarbeiten erhöhen.
- ❏ Instandhaltung soll die Kosten durch gezielte planmäßige Wartung, Inspektion und Instandsetzung minimieren.
- ❏ Instandhaltung muß Unfälle und Unfallrisiken durch gezielte Maßnahmen vermeiden.
- ❏ Instandhaltung soll durch gezielte Ausbildungsmaßnahmen die Mitarbeiter flexibel machen.
- ❏ Instandhaltung muß die Arbeiten so ausführen, daß keine Gefährdung für Mitmenschen und Umwelt entsteht.

Ich habe bei diesen Zielsetzungen nicht unbedingt die Abteilung Instandhaltung im Auge, sondern die Funktion. Wo diese Funktion nun zum Tragen kommt, das hängt von den Einzelfällen ab. TPM kann eine Lösung für die Zukunft sein, weil bei dieser Vorgehensweise alle Menschen im Unternehmen angesprochen werden und damit natürlich im Sinn der Nutzung vorhandener Ressourcen und Motivationspotentiale ein großer Rationalisierungseffekt erzielt werden kann.

Der besondere Nutzen dieses Buches

Wenn sich ein Verlag und ein Herausgeber die Frage stellen, ob es sich lohnt, ein in einer fremden Sprache und in einem doch anderen Kulturkreis entstandenes Buch zu übersetzen, dann muß im Vorfeld geklärt werden, ob sich das Ganze auch rentiert. Dabei möchte ich als Herausgeber den Aspekt der wirtschaftlichen Nutzung außer acht lassen. Mich interessiert vielmehr, hat bzw. wird dieses Buch von Hartmann mit seinem Originaltitel »Successfully Installing TPM in a Non-Japanese Plant« Bedeutung erlangen, ja oder nein? War es die ganze Mühe wert? Ich möchte dies mit einem klaren Ja beantworten und begründen. Hartmann geht sehr detailliert und praxisnah auf die einzelnen Schritte bei der Installation von TPM-Modellen ein. Ein Praktiker, der über eine große Erfahrung verfügt, sagt hier, wie es gemacht wurde bzw. wie es gemacht werden kann. Es macht Spaß, in diesem Buch zu lesen. Wer also ernsthaft vorhat, sich mit TPM bzw. mit der Einführung von TPM zu beschäftigen, der wird in dieser Lektüre eine sehr gute Anleitung finden. Es ist kein Kochbuch, aber man kann die Rezepte hervorragend auf den eigenen »Herd« übertragen. Das ist eine der besonderen Stärken dieses Buches.

Burgkirchen, Januar 1995   Hans Francke

Vorwort

Dieses Buch wendet sich an Fabrikmanager, Produktionsmanager, Manager der Instandhaltung, TPM-Manager sowie an alle anderen Manager, Ingenieure und Meister, die die Implementierung von TPM vor sich haben.

Bevor ich begann, mich für TPM zu interessieren, war ich Berater in den Bereichen Instandhaltungsmanagement und Instandhaltungseffektivität, deren Schwerpunkt darin liegt, die Effektivität der Abteilung für Instandhaltung zu verbessern, d.h. im wesentlichen die der dort beschäftigten Mitarbeiter. TPM dagegen befaßt sich mit der Verbesserung und der Leistung der *Produktionseinrichtungen*.

1986 kam ich nach Tokio, um dort Seiichi Nakajima, den anerkannten »Vater von TPM« zu besuchen. Mit seiner freundlichen Hilfe war es mir möglich, zahlreiche kleine und große, aber allesamt äußerst erfolgreiche TPM-Installationen in Japan kennenzulernen und zu studieren. Es wurde mir klar, daß TPM eine unverzichtbare Technologie ist, die jede Fertigungsfabrik in die Lage versetzt, die Produktivität ihrer Produktionseinrichtungen und den Standard ihrer Instandhaltung drastisch zu verbessern. 1987 stellten Mr. Nakajima und ich im Rahmen einer Pressekonferenz, die eigens für diesen Zweck einberufen worden war, TPM der amerikanischen Industrie vor. Seit dieser Zeit befasse ich mich in vielen Firmen überall auf der Welt mit TPM-Training und -Beratung.

Leider schlossen diese Aktivitäten auch die Zusammenarbeit mit Firmen ein, deren TPM-Installation nicht gut funktionierte. In all diesen Fällen war keine Machbarkeitsanalyse erfolgt und man hatte sich wenig Gedanken darüber gemacht, wie der Installationsprozeß an die unterschiedliche Kultur und an örtliche Randbedingungen angepaßt werden könnte. Es war notwendig, einen anderen Ansatz zu entwickeln, um TPM in einer nichtjapanischen Fabrik erfolgreich zu installieren – in deren eigener spezieller Umgebung, angepaßt an die Belegschaft, aber ohne irgendeinen Vorteil von TPM aufzugeben.

Dieses Buch behandelt einen TPM-Ansatz und -Installationsprozeß, der in Fabriken in Asien, Europa, Lateinamerika und Nordamerika erfolgreich praktiziert wurde. Ich hoffe aufrichtig, daß es Ihnen hilft, ein TPM-Programm zu entwickeln und zu installieren, das Sie zur Weltklasse in der Fertigung führt, in einer vorbildlichen, produktiven und für alle Mitarbeiter angenehmen Umgebung.

Edward H. Hartmann,
Präsident des Internationalen TPM-Instituts.

Über den Autor

Edward H. Hartmann ist Gründer und Chairman des Internationalen TPM-Instituts. Er wurde in der Schweiz geboren, ist in Zürich aufgewachsen und wanderte nach Abschluß seines Maschinenbaustudiums nach Kanada aus. 1964 ging er in die USA. Er studierte Ingenieurwissenschaften an der McGill Universität in Montreal und an der Universität von Südkalifornien. Zu Beginn seiner beruflichen Laufbahn war er Entwicklungs- und Produktionsingenieur. Er ist registrierter »professional engineer« (P.E.) im Staat Kalifornien.

1969 trat er in eine internationale Managementberatung ein und wurde schließlich stellvertretender Vorstand, Mitglied des Aufsichtsrats und Vorstand des Schulungsbereichs. Seit 1986 befaßt er sich intensiv mit der Anwendung und den Ergebnissen von TPM. Nach zahlreichen Japanaufenthalten zum Studium des dortigen TPM-Erfolgs in vielen Unternehmen stellte er 1987 bei einer der ersten TPM-Konferenzen TPM in der amerikanischen Industrie vor. Von da an schulte er über 6.000 Manager, Ingenieure und andere Mitarbeiter von Produktionsbetrieben in TPM.

1
Die Welt des TPM

Totale produktive Instandhaltung (Total Productive Maintenance TPM), überall auf der Welt sprechen Wartungs-, Produktions- und Fabrikmanager über dieses Thema und versuchen, mehr zu erfahren oder zu lernen, wie man es einsetzt. Von Elektronikfabriken in Malaysia über Automobilwerke in den Vereinigten Staaten und Europa bis zu Aluminium verarbeitenden Industrien in Kanada und Papierfabriken in Südamerika, jeder befaßt sich mit TPM als der neuesten und besten in einer Serie von modernen Herstellungstechniken. Unternehmen wie Ford Motor, Motorola, Eastman Kodak, DuPont, Texas Instruments, Procter & Gamble, IBM, AT&T und viele andere haben begonnen, TPM-Programme zu installieren oder arbeiten bereits erfolgreich damit. Es scheint in der Tat eine der wichtigen zukunftsweisenden Fertigungstechnologien zu sein.

Aber ist TPM auch die Lösung Ihres Problems? Kann es zu einer Verbesserung Ihres Betriebs, zu einer Steigerung Ihrer Produktivität und zur Kostensenkung beitragen? Die Antwort ist ein deutliches »Ja«. Aber TPM muß *richtig* umgesetzt werden, damit es in *Ihrem* Werk wirklich funktioniert. TPM hat in vielen Ländern enormen Nutzen gestiftet; aber es wird möglicherweise bei Ihnen nicht funktionieren, wenn Sie einfach nur versuchen, das japanische System zu kopieren. Einige nichtjapanische Unternehmen haben keine guten Ergebnisse erzielt und sehr viele Enttäuschungen und Rückschritte erlebt, weil sie einfach nur dem japanischen Modell gefolgt sind. TPM ist dann am effektivsten, wenn Sie es modifizieren und auf Ihr Umfeld, Ihre Mitarbeiter und die Probleme und Gegebenheiten Ihrer Betriebsanlagen abstimmen.

Dieses Buch wird Sie Schritt für Schritt durch einen TPM-Prozeß führen, der entwickelt wurde, um in Ihrem Betrieb Resultate zu erzielen. Es weist auf Probleme hin, die andere bei der Entwicklung von TPM hatten und wird bei der erfolgreichen Umsetzung von TPM in Ihrem Betrieb sehr hilfreich sein.

Die Japaner und TPM

Die Methode der vorbeugenden Wartung – Preventive Maintenance (PM) – wurde in Japan eingeführt, nachdem sie kurz zuvor in den 50er Jahren von der General Electric Corporation entwickelt worden war. Wie bei so vielen anderen Produktionstechniken, beispielsweise der Qualitätskontrolle und der Nullfehlertechnik, übernahmen die Japaner das Konzept und entwickelten daraus ein verbessertes Programm, um effektiver zu produzieren. Seiichi Nakajima, der stellvertretende Vorsitzende des Japan Institute of Plant Maintenance, förderte TPM in ganz Japan und wurde als »Vater des TPM« bekannt. Er schrieb ein Buch zu diesem Thema, das die Bibel der Wartungs- und Produktionsmanager in Japan und vielen anderen Ländern wurde.

Nakajimas Vorgehensweise, zuerst praktiziert bei Nippondenso, die Maschinenbediener bei den routinemäßigen Instandhaltungsarbeiten mit einzubeziehen, hat sich bewährt und bildet die Basis eines guten TPM. Aber Nakajimas Buch wurde für japanische Unternehmen geschrieben. Man wurde auf TPM aufmerksam und in vielen Management-Zeitschriften wurde es als eines der wirksamsten Werkzeuge der letzten 20 Jahre bezeichnet, das von japanischen Unternehmen eingesetzt wurde, um in der Fertigung einen Vorteil gegenüber der übrigen Welt zu erreichen.

Zweifellos besitzen die Japaner auf diesem Gebiet einen Vorsprung. Sie haben aber auch noch andere Vorteile. So ist in Japan ein umfangreiches Engagement des gesamten Managements für TPM üblich. Der Vorstandsvorsitzende einer großen japanischen Gesellschaft kann einem seiner Zulieferunternehmen mitteilen, daß sie TPM installieren sollen, wenn sie seine Firma weiter beliefern wollen. Der Leiter dieses Zulieferunternehmens wird zu seinem Werk zurückkehren und seine Angestellten darüber informieren, daß sie ein TPM-Programm starten werden. Seine Untergebenen werden nicht weiter argumentieren, niemand wird Bedenken äußern; sie werden einfach dieses Ziel mit allen zur Verfügung stehenden Mitteln verfolgen.

Der Wille und der Weg

Da wir von Mitteln sprechen: Wenn die Japaner sich entschließen, ein bestimmtes Ziel zu verfolgen, dann versichern sie sich, daß adäquate Finanzmittel zur Verfügung stehen. Es wird kein Yen zurückgehalten, wobei im Management hierüber vollkommene Übereinstimmung herrscht. Man wird diese Einstellung in anderen westlichen Ländern nicht immer antreffen. Oft entdeckt zuerst jemand im mittleren Management die Vorzüge des TPM. Er oder sie müssen diese dann dem Topmanagement verkaufen und zusätzlich noch die Kosten des Programms rechtfertigen.

Die Japaner planen langfristig, routinemäßig für zehn bis zwanzig Jahre im voraus. Wenn ein TPM-Programm drei oder mehr Jahre benötigt, bis es Ergebnisse aufweist, dann haben sie die Geduld, dies durchzuziehen. In anderen Ländern sind die Ziele gewöhnlich kurzfristiger. Wenn man nicht innerhalb von sechs Monaten bis einem Jahr Gewinne vorweisen kann, dann läuft das Programm Gefahr, gestrichen zu werden.

Viele Japaner, vor allem im mittleren Management, arbeiten zehn Stunden und mehr am Tag. Zusätzlich pendeln viele Angestellte täglich zwei Stunden oder sogar noch länger. Darüber hinaus machen sie freiwillig Überstunden, um TPM zu lernen und zu praktizieren. Wenn man in anderen Ländern versuchen würde, ein TPM-Training während unbezahlter Überstunden und auf freiwilliger Basis einzuführen, gäbe es sicher Probleme mit den Angestellten.

Ein anderer Aspekt der japanischen Kultur ist ihre natürliche Affinität zu Gruppen. Japaner werden von Kindheit an in diese Richtung trainiert. In der Schule bilden die Kinder Arbeitsgruppen, die das Mittagessen servieren. Gruppen von Kindern säubern die Flure und den Schulhof. Japanische Kinder müssen sich nach der Schule an Gruppenaktivitäten beteiligen, sei es, daß sie ein Instrument spielen oder Sport treiben oder im Theater mitwirken. Diese Kinder wachsen in Gruppen auf, weswegen es für sie leicht, beinahe selbstverständlich ist, sich den kleinen Gruppen, die das Herz des TPM bilden, anzuschließen. Westliche Nationalitäten tendieren zu mehr Unabhängigkeit und handeln eher im eigenen Interesse als dem einer Gruppe.

Bevor Sie mit TPM Erfolg haben, müssen Sie sich dieser Unterschiede in der Arbeitsmoral, im Managementstil und im kulturellen Hintergrund bewußt sein. Sie können die Japaner nicht kopieren. Viele, die das versuchten, waren nicht sehr erfolgreich. Sie müssen pragmatisch vorgehen und ein Programm entwickeln, das für *Sie* arbeitet, in *Ihrem* Umfeld, mit *Ihren* Mitarbeitern. Sie können einen auf Ihre eigenen Bedürfnisse zugeschnittenen TPM-Prozeß entwickeln, der dieselben ausgezeichneten Ergebnisse in Ihrem Betrieb erzielen wird, wie sie die Japaner in den ihren erreicht haben.

Der Herausforderung begegnen

TPM ist eine gewaltige Herausforderung, aber es ist die Zeit, die Anstrengung und das Geld wert. Sie benötigen die Unterstützung des Topmanagements, die in 90 Prozent der Fälle kommen wird, sobald sie klar verstehen, worum es sich bei TPM handelt und was es für Ihren Betrieb leisten kann. Wenn Sie einen Betriebsrat haben, dann stellen Sie sicher, daß er von Anfang an einbezogen wird. Sie brauchen nicht deren enthusiastische Unterstützung, aber Sie müssen zumindest ihre Beteiligung und Zustimmung haben.

Bevor Sie mit einem TPM-Programm anfangen, müssen Sie sich im klaren darüber sein, daß dies nicht kostenlos sein wird. Tatsächlich ist ein beträchtlicher Aufwand an Zeit, Geld und Trainingsaufwand nötig, bevor die ersten greifbaren Ergebnisse festgestellt werden können. Sie müssen sich auch vor Augen halten, daß man sich nicht unvorbereitet in ein TPM-Projekt stürzen darf. Es ist ein drastischer Schritt, der die Unternehmenskultur ändern wird und viel Vorbereitung und Engagement verlangt.

Wenn Sie diese Warnungen berücksichtigen, dann sind Sie in der Lage, einen durchführbaren Plan zu entwickeln, mit dem Sie Ihren Betrieb durch die Installation eines erprobten Systems verbessern; ein System, bei dem die Betriebsmittel mit einem Minimum an Standzeiten und einer stark gesteigerten Produktivität genutzt werden.

2
Fertigung ist eine Herausforderung

Jedes Unternehmen sieht sich mit dem ständigen Anspruch, die Betriebsabläufe und die Geschäftsmethoden zu verbessern, konfrontiert. Stillstand bedeutet Rückschritt. Was vor fünf Jahren akzeptabel war, ist heute ein Nachteil. Die besten Unternehmen, diejenigen, die auch in Zukunft noch dabei sein werden, verbessern und erneuern sich ständig.

TPM befaßt sich mit vielen Anforderungen aus dem Produktionsbereich, mit denen auch Sie möglicherweise konfrontiert werden. Ein kurzer Überblick über die wichtigsten Punkte zeigt Ihnen, wie TPM zur Bewältigung dieser Anforderungen beitragen kann.

Der globale Wettbewerb

Ihr Unternehmen steht einer starken und in der Regel weltweiten Konkurrenz gegenüber. Auch wenn Sie selbst nicht exportieren, konkurrieren Sie mit dem internationalen Markt, denn es besteht die Möglichkeit, daß jemand ein ähnliches Produkt importiert und damit in Ihrem eigenen Hinterland mit Ihnen konkurriert. Selbst verschiedene Niederlassungen innerhalb derselben Gesellschaft müssen bei neuen Produkten miteinander konkurrieren. Deshalb kommen Sie nicht umhin, Ihrem Kunden die Erfüllung aller Wünsche zu versprechen. Und Sie müssen dieses Versprechen halten.

Die Qualitätsanforderung

Motorola und andere Unternehmen haben angekündigt, daß ihr Ziel die Qualität »Six Sigma« ist. Das bedeutet, daß dem Kunden zu 99,9996 Prozent einwandfreie Produkte geliefert werden. Wenn man es aus der Sicht der Produktion betrachtet, dann ist das eine Ausschußrate von 3,4 Teilen pro Million (ppm). Mit anderen Worten, auf 300.000 einwandfreie Teile kommt ein fehlerhaftes! Wenn Ihr Werk seine Anstrengungen darauf konzentriert, einen solchen Qualitätsgrad zu erreichen, dann müssen Sie im voraus wissen, daß Sie bei einem bestimmten Punkt, wie ein Marathonläufer, auf eine Wand stoßen werden, eine Grenze, die Sie ziemlich frustrieren wird.

Wo liegt das Problem? Es sind Ihre Maschinen! Sie müssen eine perfekte Maschine haben, um ein perfektes Produkt zu produzieren. Aber selbst mit den besten Maschinen kann es schnell bergab gehen, wenn sie nicht richtig gewartet werden. Ein Unternehmen der Papierindustrie hat kürzlich eine brandneue Maschine zur Papierherstellung installiert, die schon nach neun Monaten häufige Störungen zeigte. Bei der Inspektion wurde festgestellt, daß die Maschine bereits rostete, daß sie kaum gereinigt war und praktisch nicht gewartet wurde. Für eine perfekte Qualität brauchen Sie aber die perfekte Maschine, etwas, von dem viele Leute glauben, daß es gar nicht existieren kann. Eine absolut saubere, perfekt gewartete, bestens justierte Maschine ohne abgenutzte Bestandteile? Unmöglich!

Aber für japanische TPM-Unternehmen ist das normal. Die Fabriken sind glänzend sauber und es herrscht eine Manie für Sauberkeit und kontinuierliche Wartung. Kann das auch im Westen erreicht werden? Kritiker mögen spotten, aber alles, was dafür benötigt wird, ist, die Maschinen kontinuierlich, pausenlos und aufmerksam zu beobachten. Durch TPM können Sie dieses Engagement erreichen.

Wenn Sie bereits ein erfolgreiches Qualitätsprogramm haben, wird das Ihre TPM-Installation wesentlich vereinfachen. In der Tat passen Qualität und TPM gut zusammen und Sie müssen kein vollständig neues Programm erzeugen. TPM ist zum Beispiel sehr erfolgreich als Teil eines umfassenden Qualitätsprogramms – hier Qualität der Betriebsmittel – installiert worden. Aber selbst wenn Sie augenblicklich kein Qualitätsprogramm in Ihrem Werk umsetzen, können Sie dennoch eine gute TPM-Installation erreichen, was zu einer verbesserten Qualität Ihrer Produkte führen wird.

Just-in-time (JIT)

Eine andere moderne Produktionstechnik ist Just-in-time. Diese höchst effiziente Vorgehensweise reduziert spürbar den Umfang Ihrer Lagerbestände, sowohl der gerade bearbeiteten als auch der fertigen Güter. Aber JIT hängt von zuverlässigen Betriebsanlagen ab. Wenn ein Maschinenversagen mitten in einem JIT-Lauf auftritt, dann eliminiert das sofort alle Gewinne, die Sie gemacht haben.

Reduktion der Zykluszeiten

Moderne Fabriken sorgen für eine weitere Herausforderung. Sie müssen mehr und mehr in der Lage sein, schneller zu produzieren, um die Zykluszeiten zu reduzieren. Den Kunden zufrieden zu stellen bedeutet, daß die Produktionszeiten immer kürzer werden, damit der Auftrag des Kunden mit noch weniger Verzögerungszeit bearbeitet werden kann. Ein Schaden in den Betriebsanlagen, Leerlauf und selbst geringfügige Störungen machen es sehr schwer, die Zykluszeiten zu reduzieren, wenn sie nicht systematisch mit Ihrem TPM-Programm angegangen werden.

Verkürzung der Rüstzeiten

JIT und die Reduzierung der Zykluszeit führen in der Regel zu kürzeren und häufigeren Produktionsumläufen. Nun sind plötzlich Montage und Umrüstvorgänge entscheidend. Denn während einer Montage oder einer Umrüstung steht Ihre Maschine still. Sie ist nicht defekt, aber trotzdem steht sie still, so weit das die Fertigung betrifft. Frühere Studien über den Gesamtnutzen der Betriebsmittel (Overall Equipment Effectiveness, OEE) haben gezeigt, daß Rüsten und Justieren bis zu 50 Prozent der gesamten Produktionszeiten benötigen können. Sie werden im Rahmen von TPM als einer der wichtigsten Ausfälle der Betriebsmittel angesehen.

Der Austausch eines Werkzeugs innerhalb von wenigen Minuten (Single Minute Exchange of Die, SMED) ist eine sehr erfolgreiche Methode, um Rüstzeiten bis zu einem absoluten Minimum zu reduzieren. Es gibt in der Industrie viele Beispiele, daß eine Maschinenumrüstung, die anderthalb Stunden dauerte, zuerst auf 45 Minuten und dann auf 10 Minuten reduziert werden konnte. Das Ziel von SMED ist eine einstellige Minutenzahl, das heißt weniger als 10 Minuten für jede nur denkbare Umrüstung! Bei TPM ist das Engagement des Bedienpersonals für das Erreichen von reduzierten Rüstzeiten von großer Bedeutung und hat dramatische Ergebnisse gezeigt.

Kostenreduktion

Früher legte man bei den Bemühungen zur Kostenreduktion die Aufmerksamkeit hauptsächlich auf die Herstellungskosten. Die Wartungskosten machen jedoch in der Regel 5 bis 15 Prozent der gesamten Produktionskosten aus. Der tatsächliche Wert hängt vom Typ des betreffenden Unternehmens ab. Die Schwerindustrie wird am oberen Ende dieser Skala liegen, während Industrien mit einem großen Anteil an manuellen Tätigkeiten und wenig Maschinen am unteren Ende der Skala sind. Hoch automatisierte Betriebe sehen einen noch viel höheren Prozentsatz als oben erwähnt.

Der entscheidende Indikator sind nicht nur die Kosten, sondern der Trend. Die Produktionskosten pro Einheit sind mit der Zeit niedriger geworden auf Grund von Automation, schnelleren Betriebsanlagen, Robotern, Studien zur Kostenreduktion und anderen Faktoren. Die Wartungskosten auf der anderen Seite sind dagegen gestiegen. Sie steigen, weil die Betriebsanlagen komplizierter werden und höher entwickelt sind. Die Perspektive, bisher nur auf die Produktionskosten gerichtet, ändert sich. Viele Unternehmen suchen aktiv nach Möglichkeiten, die Instandhaltungskosten zu reduzieren. Aber wenn Sie im wesentlichen nur Notreparaturen, die nicht kontrolliert oder vorausgesagt werden können, durchführen, wie können Sie die Wartungskosten reduzieren? Eine gute TPM-Installation wird die Spirale der steigenden Wartungskosten umkehren und gleichzeitig die Leistung Ihrer Betriebsanlagen außerordentlich verbessern.

Ausweitung der Kapazität

Die Fertigung produziert ein Produkt. Die Instandhaltung sichert die Kapazität für die Fertigung. Kennen Sie den tatsächlichen Nutzungsgrad Ihrer Betriebsanlagen? Kennen Sie die tatsächliche Verfügbarkeit Ihrer Betriebsanlagen? Kennen Sie die tatsächliche Leistung Ihrer Betriebsanlagen wenn sie genutzt werden und verfügbar sind?

Sorgfältige Studien der Betriebsanlagen haben unglaublich niedrige Werte der Totalen Effektiven Produktivität (Total Effective Equipment Productivity, TEEP) ergeben, sehr zur

Überraschung und Bestürzung des Managements. Nicht nur bei alten und abgenutzten Betriebsanlagen, sondern manchmal bei ziemlich neuen und modernen Maschinen! Nicht nur bei unwichtigen, überzähligen Maschinen, sondern manchmal bei produktionsbestimmenden, zwingend notwendigen Maschinen, was den gesamten Durchsatz reduziert. Manchmal gibt es so viel verfügbare Kapazität, die in den vorhandenen Betriebsanlagen versteckt ist, daß Sie geplante Maschinenkäufe oder sogar eine Expansion des Betriebes um Jahre verschieben können, wenn Sie einfach lernen, diese ungenutzte Kapazität zu erschließen. Einige Unternehmen, wie etwa Tennessee Eastman, haben deutlich demonstriert, daß TPM die Produktionskapazität steigern kann, manchmal dramatisch, ohne Kapitalinvestition.

Weitere Probleme

In vielen Ländern werden Umweltprobleme mehr und mehr zu einem wichtigen Faktor. Die gesetzlichen Vorschriften werden jeden Monat strenger. Ihre Maschinen dürfen nicht die Luft, den Boden oder das Wasser verschmutzen; trotzdem müssen sie schneller laufen und mehr produzieren. Nur gut gewartete und richtig justierte und inspizierte Betriebsanlagen können diese Probleme bewältigen.

Die andere Seite der Umweltmedaille ist das Energiesparen. In den meisten Herstellungsbetrieben sind die elektrischen Motoren die größten Energiekonsumenten. Dennoch laufen viele Motoren aufgrund von ausgebrannten Spulen, schlechten Isolierungen, Anhäufung von Schmutz oder schlechter Auswuchtung mit geringer Effizienz. Die Herausforderung besteht darin, den Energieverbrauch zu reduzieren. Wie können Sie dieser Forderung entsprechen und doch eine größere Kapazität Ihrer Betriebsanlagen erreichen?

Die TPM-Lösung

Dies sind einige der Probleme und Herausforderungen, mit denen Ihr Unternehmen im Kampf um die Wettbewerbsfähigkeit konfrontiert wird. TPM, richtig installiert, hat einen positiven und oft dramatischen Effekt auf viele dieser Fragen, ohne daß Sie einen exorbitanten Preis für Ihre Qualitäts- und Produktivitätsverbesserungen zahlen müssen. Ganz im Gegenteil, der Investitionsrückfluß (Return on Investment, ROI) Ihrer erfolgreichen TPM-Installation wird wahrscheinlich höher sein als bei jedem Ihrer früheren Programme zur Produktivitätsverbesserung.

3
Die Betriebsanlagen, der Brennpunkt von TPM

Was genau ist TPM? In Japan wird es oft definiert als »produktive Instandhaltung unter Beteiligung aller«. Zusätzlich zur Maximierung der Effektivität der Betriebsanlagen und dem Aufbau eines umfassenden PM-Systems schließt die vollständige Definition auch die Aussage ein, daß »TPM jeden einzelnen Angestellten einschließt«.

Diese Definition ist natürlich zutreffend, aber es handelt sich dabei um die japanische Anschauung. Sie stellt die »Instandhaltung« und »jeden einzelnen Angestellten« in den Mittelpunkt, eine Ansicht, die in vielen nichtjapanischen Unternehmen zu Problemen geführt hat. Eine passendere und akzeptablere westliche Anschauung konzentriert sich eher auf die Maschine. Hartmanns Definition von TPM, wie es von westlichen Unternehmen praktiziert wird, ist:

»Die totale produktive Instandhaltung verbessert ständig die gesamte Effektivität der Betriebsanlagen, unter aktiver Beteiligung der Mitarbeiter.«

Diese Definition legt den Schwerpunkt auf die »gesamte Effektivität der Betriebsanlagen« und nicht auf die Instandhaltung und auf die »aktive Beteiligung aller Mitarbeiter« anstatt auf »jeden einzelnen Angestellten«. Während TPM nicht nur das Wartungs- und Bedienungspersonal einschließt, sondern zum Beispiel auch die Entwicklung, den Einkauf, die Vorarbeiter und andere. Die Gewinne in der Gesamteffektivität der Betriebsanlagen werden durch eine gute Zusammenarbeit zwischen Bedienungspersonal und Wartungsmitarbeitern erreicht.

TPEM (Total Productive Equipment Management)

Der neue Prozeß, der vom International TPM Institute, Inc., entwickelt wurde, und der es leichter macht, eine erfolgreiche, maßgeschneiderte TPM-Installation in einem nichtjapanischen Betrieb zu erreichen, wird Total Productive Equipment Management (TPEM) genannt.

Anders als das mehr formalistische, rigide japanische TPM-Programm erlaubt TPEM die Entwicklung einer höchst flexiblen Installation. Es berücksichtigt die aktuellen Bedürfnisse und Prioritäten Ihrer Betriebsanlagen und insbesondere Ihrer spezifischen Gesellschafts- und Betriebskultur (besonders, wenn Sie einer Gewerkschaft angeschlossen sind). Dies ist die *pragmatische* Vorgehensweise verglichen mit dem, was man die *dogmatische* Vorgehensweise nennen könnte.

Nutzung der Fertigungsanlagen

Nach Grundbesitz und Gebäuden sind die Produktionsanlagen normalerweise die größten Aktivposten eines Fertigungsunternehmens. Der Kapitalertrag (Return on Assets, ROA) ist ein übliches Maß für die Finanzleistung des Unternehmens. Die *Nutzung* der Aktiva ist der wirklich wichtigste Faktor, der die Kapitalerträge beeinflußt.

Nutzung, Verfügbarkeit und Leistung der Betriebsanlagen sind jedoch häufig überaus gering, was zu einem *sehr geringen* Nutzungsgrad dieser Aktiva führt.

Deshalb ist eine der wichtigsten Überlegungen bei der Entwicklung Ihrer TPM-Installation das verbesserte Management der Betriebsanlagen, damit der Nutzungsgrad der Aktiva verbessert wird.

Das Management der Betriebsanlagen

Der TPM-Prozeß mittels TPEM (Total Productive Equipment Management) wird Ihr Management der Betriebsanlagen neu ausrichten und umstrukturieren. Außer dem *Nutzungsgrad der Betriebsanlagen* (mit dem Ziel, daß die Maschinen über den größtmöglichen Teil eines 24-Stundentages in Betrieb sind) sind die *Leistung der Betriebsanlagen* und die *Verfügbarkeit der Betriebsanlagen* die Schlüsselkomponenten eines gesunden Managements der Betriebsanlagen und einer hohen Aktivanutzung.

Für die meisten Unternehmen gibt es die folgenden drei Phasen der Weiterentwicklung des Betriebsanlagenmanagements:

I Verbesserung der vorhandenen Betriebsanlagen

II Halten der verbesserten (oder neuen) Betriebsanlagen auf einem höheren Niveau von Leistung und Verfügbarkeit

III Beschaffung von neuen Betriebsanlagen mit einem hohen Leistungs- und Verfügbarkeitsniveau

In einem neuen Betrieb, der gerade die Betriebsanlagen erhalten hat, wird Phase I ersetzt durch »Abnahme von Betriebsanlagen nur dann, wenn ein bestimmter Leistungsstandard erreicht worden ist« und/oder »Beseitigen von Fehlern in den Betriebsanlagen, um einen bestimmten Leistungsstandard zu erreichen«.

Jede Phase des Managements der Betriebsanlagen umfaßt mehrere Schritte, die bei der Planung der TPM-Installation für Ihren Betrieb sorgfältig berücksichtigt werden müssen.

Die erste Phase des TPEM soll Ihre Betriebsanlagen auf das höchste benötigte Niveau von Leistung und Verfügbarkeit bringen (Abb.1). Dies ist eine bedeutende und überaus wichtige Phase des TPM. Sie kann, abhängig von dem augenblicklichen Zustand und der Leistung Ihrer Betriebsanlagen, lange dauern und eine beträchtliche Menge Geld und Mühe kosten. Es werden hier jedoch bedeutende Erfolge bei der Produktivität, Qualitätsverbesserung und Kostenreduktion erzielt.

Es ist sehr wichtig, diese Phase mit ausreichend genauem Datenmaterial und einer sorgfältigen Planung anzugehen. Sie sollten eine Prioritätenliste erstellen, um zuerst eine Verbesserung der die Produktion limitierenden Betriebsanlagen und damit eine schnelle Verbesserung des Ausstoßes zu erreichen. Diese Vorgehensweise wird auch zu einer frühen Kompensation des Aufwands für das TPM führen, wenn die Einsparungen die Kosten übersteigen.

In den ersten drei Schritten werden die Daten, die für die Entscheidungen und das Festsetzen der Prioritäten benötigt werden, besorgt. Führen Sie diese Schritte als Teil Ihrer Machbarkeitsstudie (siehe Kapitel 10) aus. Häufig wird die Entscheidung des Managements, TPM fortzusetzen, nach der Machbarkeitsstudie gefällt. Die Informationen aus dieser Studie und andere Daten (wie etwa vorhandene Protokolle über Maschinenversagen, Fehlermeldeformulare, Maschinenlogbücher, Reparaturkosten und Zwischenzeiten zwischen Maschinenversagen) werden von den TPM-Teams genutzt, um die Ausfälle der Betriebsanlagen zu analysieren (Schritt vier) und die Notwendigkeiten und Chancen der Verbesserung der Betriebs-

Anlagenmanagement

Phase I

Verbessern der Anlagen
bis zur höchsten benötigten
Leistung und Verfügbarkeit

Schritt 1: Bestimmen der vorhandenen Anlagenleistung und Verfügbarkeit (aktueller OEE)

Schritt 2: Bestimmen des Anlagenzustands

Schritt 3: Bestandsaufnahme der jetzt durchgeführten Instandhaltung (speziell PM) direkt an der Anlage

Schritt 4: Analyse der Anlagenverluste

Schritt 5: Ermitteln (und ordnen) der Erfordernisse und Möglichkeiten für die Anlagenverbesserung

Schritt 6: Ermitteln der Erfordernisse und Möglichkeiten für die Verbesserung der Einrichtung und Umrüstung

Schritt 7: Durchführen der Verbesserungen gemäß Projekt- und Zeitplan

Schritt 8: Überprüfen der Ergebnisse und fortsetzen nach Bedarf

Abbildung 1

anlagen zu entwickeln (Schritt fünf). Kosten-Nutzen-Analyse, Ausstoßbedingungen, Erfordernisse der Qualitätssteigerung, verfügbare Zeit und andere Überlegungen werden die Reihenfolge der Verbesserungsprojekte bestimmen.

Schritt sechs von Phase I befaßt sich mit den Notwendigkeiten und Chancen der Verbesserung der Umrüstung. Dieselben kleinen TPM-Gruppen (eventuell mit Unterstützung spezialisierter Ingenieure) analysieren die Verluste durch Umrüstprozesse, entwickeln die Erfordernisse für eine Verbesserung und entwerfen Verbesserungsprojekte. Die nächste Aktivität (Schritt sieben) ist die tatsächliche Durchführung der Verbesserungsprojekte nach Plan. Abhängig vom Zustand Ihrer Betriebsanlagen und von den festgestellten Erfordernissen und Möglichkeiten kann dieser Schritt ziemlich lange dauern (sechs bis 18 Monate). Er hört tatsächlich niemals wirklich auf, da die Betriebsanlagen ständig verbessert werden müssen. Hier werden jedoch normalerweise die schnellsten und bedeutendsten TPM-Ergebnisse erzielt. Dieser Schritt gehört zu den begeisterndsten und profitabelsten Aktivitäten mit einer sehr deutlichen Auswirkung auf die Leistung der Betriebsanlagen, Aktivanutzung, Produktqualität, Ausstoß und Kosten. Der entscheidende Anteil des »Rückflusses« von Investitionen wird hier erzeugt, von den kleinen Gruppen die mit der Instandhaltung und der Entwicklung in enger Kooperation zusammenarbeiten.

Im letzten Schritt zur Verbesserung der Betriebsanlagen (Schritt acht) sollen die Ergebnisse im Vergleich zur Ausgangssituation gemessen und berichtet werden, und bei Bedarf die Aktivitäten fortgesetzt werden.

Phase II des Managements der Betriebsanlagen wird die Betriebsanlagen auf ihrem höchsten Leistungs- und Verfügbarkeitsstand halten. Hier sorgen Sie dafür, daß sich die Verbesserungen, die in Phase I gemacht wurden, nicht verflüchtigen. Wenn Sie neue Betriebsanlagen besitzen, müssen Sie sicherstellen, daß ein hoher Leistungsstandard über die gesamte Nutzungszeit beibehalten wird. Der entscheidende Punkt, um dieses Ziel zu erreichen, ist der, daß nichts eine gute präventive Wartung ersetzen kann. Bestandteil eines guten PM-Systems ist die vorausschauende Instandhaltung (Predictve Maintenance, PDM), die modernste diagnostische Geräte benutzt, um mögliche Fehler der Betriebsanlagen vorauszusagen. Damit werden Probleme festgestellt, bevor sie einen Ausfall der Betriebsanlagen verursachen.

Komplizierte und teuere diagnostische Geräte sind nicht immer notwendig, um Ihre Maschinen auf dem besten Betriebszustand zu halten. Oft ist alles, was Sie brauchen, eine sorgfältige Inspektion, die versteckte Defekte aufdeckt oder mögliche Probleme ausschaltet.

Sauberkeit ist ein weiteres Hilfsmittel, das dazu beiträgt, die Maschinen mit höchster Effizienz zu betreiben und die Produktqualität zu steigern. Verglichen mit den anderen Aktivitäten scheint Sauberkeit im ersten Moment zwar nicht so wichtig zu sein; der Einfluß auf die gesamte Produktivität ist jedoch mitunter dramatisch.

Ein Zigarettenwerk in North Carolina liefert hierfür ein ausgezeichnetes Beispiel. In diesem Werk gibt es eine große Zahl von Hochgeschwindigkeitsmaschinen, die durchschnittlich 7.000 Zigaretten in der Minute herstellen. In diesem hochautomatisierten Massenproduktionsprozeß wird ein Endlosstreifen Papier von einer großen Rolle in die Maschine eingespeist, und zu einem U-Rohr geformt, in das der Tabak gefüllt wird. Das Papier wird zu einem offenen O geformt, Klebstoff auf eine Seite des Papiers aufgebracht und ein »rod« (eine unendlich lange Zigarette) geformt. Ist die Klebstoffzufuhr aus einer kleinen Röhre unterbrochen, fällt der Tabak heraus und verteilt sich in der Maschine. Die Maschinen müssen angehalten und gereinigt werden und die Spitze der den Klebstoff zuführenden Röhre muß untersucht und gereinigt werden. Im nächsten Produktionsschritt wird der »rod« in Stücke von der doppelten Länge einer Zigarette geschnitten und, nachdem der Filter an beiden Enden hinzugefügt wurde, in die einzelnen Zigaretten geschnitten. Bei jedem Schneidevorgang entstehen »shorts« (kleine Tabakteile), die in die Maschine fallen und sich auch an anderen Stellen, wie etwa dem Motorgehäuse, elektrischen Schalttafeln, oben auf den Maschinen, in den Vertiefungen der rotierenden Trommeln usw. ansammeln können. Man braucht nicht viel Phantasie, um sich vorzustellen, wie die Partikel, zusammen mit dem Staub der Filtereinsätze, eine Stauung oder einen anderen Maschinenstillstand verursachen.

In solchen Situationen wird in der Regel das Wartungspersonal vor Ort (in diesem Werk zutreffend als »herumstehendes Wartungspersonal« bezeichnet) herbeigerufen, um festzustellen, wo das Problem liegt, und um die Maschinen wieder zum Laufen zu bringen. Wegen der Zufälligkeit dieser Ausfälle ist das Wartungspersonal jedoch häufig gerade mit einer anderen Maschine beschäftigt, was zu Verzögerungen und übermäßigen Ausfallzeiten führt. Eine Gruppe von Arbeitern in einem etwas abgelegenen Werksbereich wurde diese Situation leid und entwickelte ihre eigene Lösung. Sie kannten die kritischen Stellen der Maschine, wo Verstopfen und andere Probleme (wie das mit dem Klebstoff) häufig auftraten. Sie begannen damit, ihre Maschinen regelmäßig zu reinigen und kleinere Probleme selbst zu beseitigen.

Als Ergebnis ihrer Initiative benötigten ihre Maschinen weniger Aufmerksamkeit des Wartungspersonals, produzierten aber bis zu 20 Prozent mehr Ausstoß!

Wie diese Geschichte anschaulich macht, ist das Überprüfen und Reinigen der Maschinen durch das Bedienungspersonal eine der wirksamsten (und am wenigsten genutzten) Methoden, die Maschinen in Betrieb zu halten und sowohl Produktivität als auch Qualität zu steigern. Deshalb spielen in der Phase II des Managements der Betriebsanlagen (Erhalten der Betriebsanlagen auf ihrem höchsten Leistungsstand) das Reinigen, Pflegen und Überprüfen durch die Mitarbeiter eine dominierende Rolle.

In Schritt eins dieser Phase (Abb. 2) werden die PM-Erfordernisse für jede Maschine festgestellt. Dies geschieht durch ein Team aus Ingenieuren, Wartungspersonal und Arbeitern, basierend auf eigenen Erfahrungen und den Empfehlungen des Herstellers. Es schließt PM-Tätigkeiten ein, die vom Bedienungspersonal sofort oder nach einem Lehrgang durchgeführt werden können (Typ I) und solche, die nur vom Wartungspersonal erledigt werden können (Typ II).

Im selben Vorgang wird für jede Maschine festgestellt, was für das Schmieren (Schritt zwei) bzw. für die Reinigung (Schritt drei) notwendig ist. Im nächsten Schritt werden PM-, Schmier- und Reinigungsprozeduren entwickelt, die als eine Grundlage für die Schulung, für PM-Checklisten, Arbeitsanweisungen und Zeitpläne dienen. In Schritt fünf werden Prozeduren für die Überprüfung jeder Maschine erarbeitet. Gewöhnlich sind die Überprüfungstätigkeiten ein Teil von PM, manchmal werden sie aber auch gesondert durchgeführt, um die Abnutzung von Komponenten festzustellen und andere potentielle Probleme frühzeitig aufzuspüren. Wie bei PM, Reinigen und Schmieren gibt es Prüfungstätigkeiten vom Typ I und Typ II (durchgeführt von den Arbeitern oder dem Wartungspersonal).

Anlagenmanagement

Phase II

Halten der Anlagen
auf dem Niveau der höchsten benötigten
Leistung und Verfügbarkeit

Schritt 1: Erarbeiten der PM-Erfordernisse für jede Maschine

Schritt 2: Entwickeln eines Schmierkonzepts für jede Maschine

Schritt 3: Entwickeln eines Reinigungskonzepts für jede Maschine

Schritt 4: Erarbeiten von Vorgehensweisen für die Reinigung, das Schmieren und PM

Schritt 5: Entwickeln einer Inspektionsprozedur für jede Maschine

Schritt 6: Entwickeln eines Systems für PM, Schmieren, Reinigen und Inspektion einschließlich aller Formblätter und Kontrollen

Schritt 7: Erzeugen eines PM-Handbuchs

Schritt 8: PM, Reinigen und Schmieren nach Projekt- und Zeitplan durchführen

Schritt 9: Prüfen der Ergebnisse und Korrektur, falls erforderlich

Abbildung 2

Schritt sechs ist die Erstellung der benötigten Formulare, um alle PM-, Schmier-, Reinigungs- und Überprüfungstätigkeiten zu planen, durchzuführen und zu kontrollieren. Die Formulare enthalten Checklisten, Arbeitsanweisungen, Zeitpläne, Prüfungsblätter, Berichte usw. Die Entwicklung des Systems ist nun in Gang gesetzt.

Im nächsten Schritt wird ein PM-Handbuch erarbeitet. Es sollte die PM-Philosophie innerhalb von TPM beinhalten, die betriebsweite PM-Politik, alle für PM, Schmieren und Prüfen benötigten Prozeduren und die PM-Organisation. Richtlinien für das Entwickeln und Anwenden der PM-Checklisten, Arbeitsanweisungen, Zeitpläne und Kontrollen (einschließlich MTBF (Mean Time between Failures – durchschnittliche Zeit zwischen Maschinenversagen), Kosten, Trends usw.) gehören ebenfalls zu einem PM-Handbuch.

Nach diesen vorbereitenden Schritten kann mit der Durchführung der PM-, Reinigungs-, Schmier- und Überprüfungsaktivitäten begonnen werden. Jetzt fangen die Mitarbeiter an, sich abhängig vom Grad ihrer Qualifikation und Motivation zu beteiligen. Im Verlauf der Zeit wollen und werden auch die Arbeiter immer mehr Aktivitäten vom Typ I im Rahmen der TPM-Philosophie und Politik in Ihrem Werk übernehmen. Ein planmäßiger Prozeß des Transfers und Erlernens von Wissen läuft an.

In Schritt neun werden die Ergebnisse (Auswirkung von verbesserter PM, Schmierung, Reinigung, Überprüfung) erfaßt; die Aufgaben und deren Häufigkeit können nach den Erfordernissen korrigiert werden. Das erfolgreichste PM-System ist ein dynamisches Vorgehen, das auf den aktuellen und manchmal veränderten Zustand der Betriebsanlagen abgestimmt ist. Es kann sogar zu einer Reduzierung der Aktivitäten oder zu verlängerten Zeitintervallen zwischen den Aktivitäten kommen, wenn der Zustand der Betriebsanlagen oder der Komponenten zum Zeitpunkt des PM perfekt ist. Dies ist nur möglich, wenn das Wartungs- und Bedienungspersonal seine Beobachtungen aktiv in den TPM-Prozeß einfließen läßt.

Senken der Kosten der Maschinenlebensdauer

In Phase III von TPEM sollen neue Betriebsanlagen mit definiertem hohen Leistungsniveau und niedrigen Lebenszykluskosten (Life Cycle Cost, LCC) angeschafft werden (gekauft oder intern gebaut). Einfach ausgedrückt, enthält LCC alle Kosten, die während der Lebensdauer der Betriebsanlagen anfallen. Es gibt fünf größere Abschnitte, die jede Betriebsanlage durchläuft (Abb. 3).

An erster Stelle steht das Anlagendesign, wobei hier bis zu 80 Prozent der LCC einer Maschine festgelegt werden (abhängig davon, ob eine Maschine vollautomatisch ist oder Bedienpersonal braucht, wie wartungs- und reparaturintensiv eine Maschine sein wird usw.). Dann kommt die Konstruktion der Betriebsanlagen; danach wird die Maschine geliefert. Es folgt die Installation und die Fehlerbeseitigung, was manchmal einen hohen Prozentsatz der Anschaffungskosten ausmacht, ob beabsichtigt oder nicht.

Die vierte Kostengruppe sind die Betriebskosten (Jahresgehälter der Arbeiter und Vorarbeiter multipliziert mit der Anzahl der Jahre, in der die Maschine genutzt wird, und zusätzlich weitere betriebliche Kosten). Dies ist gewöhnlich das größte LCC-Element bei einer Maschine, die über Jahre von Arbeitern bedient wird (im Regelfall). Der letzte Punkt sind die Kosten für Wartung, Reparaturen, Umbauten oder Überholung und Verbesserungen der Betriebsanlagen. Normalerweise übersteigen die letzten beiden Kostenpunkte den An-

LCC

Lebenszykluskosten

1 — Anlagendesign	Bis zu 80% der Kosten eines gesamten Lebenszyklus sind hier ermittelt worden
2 — Anlagenkonstruktion	
Lieferung	Kaufpreis
3 — Inbetriebnahme/Fehlerbehebung	
4 — Betrieb der Anlage	Der höchste Kostenbeitrag entsteht hier und überschreitet typischerweise bei weitem den Kaufpreis (außer wenn die Anlage als automatische, wartungsfreie Maschine angelegt wurde)
5 — Wartung und Reparatur	

Wieviel »Feedback« kommt vom Bedienungs- und Instandhaltungspersonal?

Abbildung 3

schaffungspreis der Betriebsanlagen bei weitem. Alle fünf Kostenpunkte sind variabel. Man hat herausgefunden, daß aufgrund unkluger Entscheidungen beim Maschinenkauf Einsparungen bei den Anschaffungskosten (Punkt eins bis drei) häufig zu großen Nachteilen führen, wenn die Kosten bei den Punkten vier und fünf (Betrieb und Wartung) während der Lebensdauer einer Maschine anwachsen.

Daher ist eine neue Vorgehensweise erforderlich, die das Gesamtbild der LCC in Betracht zieht. Wenn auch bis zu 80 Prozent der LCC im Entwurfsstadium (oder in der Spezifikation) vorbestimmt werden, so fallen doch die meisten LCC-Kosten im Betrieb oder bei der Wartung der Betriebsanlagen an. Wie können Sie diese Situation verbessern und die LCC Ihrer neuen Betriebsanlagen senken?

Haben Sie je darüber nachgedacht, wieviel Einfluß die Vertreter der Betriebs- und Wartungsabteilungen, wo die meisten LCC entstehen, auf den Entwurf der Betriebsanlagen oder die Funktionsspezifikation haben? Die Leute, die das meiste über die Maschinen wissen, können in der Regel nichts – oder sehr wenig – in den Entwurf oder die Spezifikation ihrer nächsten Maschine einbringen! Die Chance, frühere Probleme beim Entwurf auszuschließen, ist sehr gering, wenn man nicht weiß, welche Probleme es gab und welchen Einfluß sie auf Produktivität und Qualität hatten.

Es ist schwierig, irgendeine verbesserte Technologie zu entwerfen, weil man vielleicht nicht weiß, welche Veränderungen zu einer besseren Maschine führen. Die Arbeiter wissen es, und das Wartungspersonal weiß es, weil sie täglich mit diesen Maschinen arbeiten und sie wissen auch, was funktioniert und was nicht. Sie sind vielleicht nicht in der Lage, Ihnen mitzuteilen, wie diese Verbesserungen in Ihre Maschine einzuplanen sind, aber sie können mit Sicherheit in die richtige Richtung weisen.

Eingebaute Diagnostik kann die LCC für alle neuen Betriebsanlagen, die Sie anschaffen, senken. Autos sind ein gutes Beispiel dafür, wie effektiv Diagnosegeräte beim Vermeiden von Problemen sein können. Anzeigeleuchten warnen den Autofahrer vor drohenden Problemen, die von zu niedrigem Öldruck oder einer nicht richtig geschlossenen Heckklappe ausgehen. Viele moderne Autos haben tatsächlich ein ganzes System von computergesteuerten Selbsttests, die durchgeführt werden, bevor der Fahrer losfährt. Wenn Sie eine Maschine haben, die eine Million DM wert ist, ist es dann nicht vernünftig, solche Wachhunde einzubauen, die Ihnen melden, wenn etwas falsch laufen könnte? Das ist mit der vorhandenen Technologie einfach zu machen und braucht nicht unbedingt eine Menge Geld zu kosten. Es muß nicht einmal computergesteuert sein. Etwas so simples wie ein akustischer Alarm oder ein Licht kann Ihren Mitarbeiter warnen, der dann weiß, wie er die Störung beheben kann oder der das Wartungspersonal informiert.

Wie Sie das Beste aus Ihren neuen Maschinen holen

Phase III des Managements der Betriebsanlagen wendet sich den Möglichkeiten und dem Vorgang zu, der genutzt werden sollte, um neue Betriebsanlagen mit einem definierten Niveau an hoher Leistung und niedriger LCC anzuschaffen (Abb. 4).

Im ersten Schritt soll die technische Spezifikation (Taktzeit, Grad der Automatisierung, Funktionen usw.) der neuen Betriebsanlagen auf der Grundlage der Erfordernisse des neuen (oder desselben) Produkts entwickelt werden. Aber Schritt zwei und drei folgen schnell, nämlich der Beitrag der Mitarbeiter und des Wartungspersonals, basierend auf ihren Erfahrungen mit den Betriebsanlagen und des Maschinenlogbuchs.

Anlagenmanagement

Phase III

Beschaffen neuer Anlagen mit
definierten Hochleistungsspezifikationen
und niedrigen Lebenszykluskosten

Schritt 1: Erzeugen einer technischen Spezifikation

Schritt 2: Sammeln aller Erfahrungen der Maschinenbediener zu den bestehenden Anlagen

Schritt 3: Sammeln aller Erfahrungen der Instandhaltung mit den bestehenden Anlagen

Schritt 4: Beseitigen der früheren Probleme

Schritt 5: Anlagenentwurf mit neuer Technologie

Schritt 6: Entwurf der Fehler-Diagnoseverfahren

Schritt 7: Entwurf nach dem Kriterium der Instandhaltung (möglichst wartungsfreie Anlagen)

Schritt 8: Schulung (Bedienung und Instandhaltung) früh ansetzen

Schritt 9: Abnahme der Anlagen nur, wenn die Spezifikation erfüllt wird

Abbildung 4

Im nächsten Schritt sollen die früheren Probleme beseitigt werden durch einen besseren Entwurf oder Spezifikationen aufgrund des Wissens, das in den beiden vorausgegangenen Schritten erworben wurde. Hier darf das Ziel, ein anwenderfreundliches (d.h. ergonomisches) Design, nicht außer acht gelassen werden. Vergessen Sie nicht die Fähigkeit zur schnellen (oder automatischen) Umrüstung, damit dieser Verlust bei den Betriebsanlagen reduziert oder ausgeschlossen werden kann. In Schritt fünf müssen neue Technologien in den Entwurf eingebracht werden, einschließlich solcher, die die Sicherheit und den Umweltschutz betreffen.

In Schritt sechs werden Diagnosemaßnahmen entworfen, wie etwa Öldruckmesser, Wärmesensoren, Verschleißindikatoren, Zähler, Sensoren für Flüssigkeitspegel, für Vibrationen, für den Grad der Entleerung und für falsche Plazierung, Stundenzähler, Indikatoren und Zähler für bestimmte Problembereiche usw. Ein gutes Beispiel auf dem Gebiet der Büromaschinen sind Kopiergeräte, die nicht nur ein Problem anzeigen und bezeichnen, sondern es auch lokalisieren, einen Fehler- oder Problemcode anzeigen und die verschiedenen Typen von Fehlern protokollieren (automatisches Gerätelogbuch), damit sich das Servicepersonal darüber informieren kann. Einige hochentwickelte Geräte fordern nach einer bestimmten Anzahl von Problemen sogar selbst zur Wartung auf!

Gegenstand von Schritt sieben ist es, die Wartung bereits in der Entwurfsphase vorzusehen. Ziel ist der wartungsfreie oder zumindest wartungsfreundliche Entwurf. Beispiele für diesen Prozeß sind u.a. ein leichter Zugang zu Stellen, die gereinigt oder gepflegt werden müssen, Maschinenverkleidungen, die mit Klammern anstelle von Schrauben befestigt werden, in die Maschine eingebaute Absauggeräte usw. Es ist wichtig, den Übungsprozeß an der neuen Maschine so früh wie möglich zu starten (Schritt acht). Schicken Sie sowohl das

Instandhaltungspersonal als auch die Arbeiter zum Lieferanten der Betriebsanlagen, am besten bevor die Maschine fertig ist. Das Training dort ist von großem Vorteil und wirkt darüber hinaus äußerst motivierend. Eine frühe und umfassende Ausbildung stellt sicher, daß der hohe Standard der Maschinenleistung und die Qualität von Anfang an erreicht und beibehalten wird.

Der letzte Punkt (Schritt neun) bedarf eigentlich keiner Diskussion; aber die Erfahrung zeigt, daß man hierzu doch ein paar Worte verlieren muß. Viel zu oft werden Maschinen vom Hersteller abgenommen, lange bevor sie die Spezifikationen, auf die man sich geeinigt hatte, erfüllen. Hierzu trägt häufig ein gewisser Druck von Seiten des Betriebs bei, mit der Nutzung der neuen Betriebsanlagen zu beginnen. Auch wird die Zeit, die für eine ordentliche Installation, für die Fehlerbeseitigung und für einen Testlauf benötigt wird, oft unterschätzt. Das Ergebnis sind neue Maschinen, die mit einem niedrigen OEE anfangen und nie (oder nur mit großer Anstrengung und Verzögerung) den »definierten Grad an hoher Leistung« erreichen.

Die Ziele des TPM

Um für Ihre Betriebsanlagen den höchsten Leistungsstandard zu erreichen oder zu halten, müssen Sie sich ehrgeizige Ziele setzen. Wie der »Null-Fehler« beim Qualitätsmanagement, so gibt es beim TPM vergleichbare Ziele für die Optimierung Ihrer Betriebsanlagen:

1. *Kein* ungeplanter Stillstand der Betriebsanlagen

2. *Kein* (von den Betriebsanlagen verursachter) Defekt

3. *Kein* Geschwindigkeitsverlust der Betriebsanlagen

Das erste und schwierigste Ziel ist, ungeplanten Stillstand der Betriebsanlagen zu vermeiden. Die Reaktion auf diese Forderung ist gewöhnlich ein »unmöglich«. Die Betonung liegt jedoch auf *ungeplantem* Stillstand. Wieviel geplanten Stillstand werden Sie für *geplante* Wartung, PM, Reinigung, Schmierung, Inspektion und Regulierung benötigen, um einen ungeplanten Stillstand auszuschließen?

Einige japanische Automobilwerke arbeiten in einer achtstündigen Schicht, dann sind sie für vier Stunden »heruntergefahren«; dann eine weitere achtstündige Schicht usw. Was geschieht in den vier Stunden des eingeplanten Stillstandes? Wartung – geplante Wartung! Und Reinigen, Inspektion, Schmieren usw. Was geschieht in der nächsten achtstündigen Schicht mit den Betriebsanlagen? Absolut nichts; sie laufen und laufen. Kein ungeplanter Stillstand! Dies erklärt zum Teil, warum japanische Automobilwerke viel weniger Zeit als andere Werke brauchen, um ein Auto zu produzieren.

Brauchen Sie 33 Prozent der Zeit für geplanten Stillstand, um zu erreichen, daß es keinen ungeplanten Stillstand gibt? Mit Sicherheit nicht. Wieviel dann? Sie können das leicht feststellen, indem Sie die Schritte der Phase II des Managements der Betriebsanlagen (Halten der Betriebsanlagen auf ihrem höchsten Leistungsstand) durchgehen und die regulären Wartungsvorgänge hinzuaddieren. Die Beteiligung der Mitarbeiter beim TPM-Prozeß wird die Zeit, die pro Tag für den geplanten Stillstand benötigt wird, reduzieren.

Es ist offensichtlich, daß es einen Punkt des »verschwindenden Ertrags« gibt, und das Erreichen des »absoluten Nullwerts« wird möglicherweise unerschwinglich. Aber Sie müssen daran *glauben*, daß null ungeplanter Stillstand möglich ist und versuchen, dies zu erreichen. Wenn Ihr Wartungsmanagement datengestützt ist, können Sie Ihren Rentabilitätspunkt ermitteln, und Sie werden feststellen, daß er viel näher an null ungeplantem Stillstand liegt, als Sie denken. Kalkulieren Sie die Kosten des ungeplanten Stillstands und vergleichen Sie sie mit den Kosten für zusätzliche geplante Wartung, um den ungeplanten Stillstand zu vermeiden.

Das zweite TPM-Ziel ist »keine von Betriebsanlagen verursachten Defekte beim Produkt«. In einigen Unternehmen, die nach einem perfekten Qualitätsstandard streben, sind die Betriebsanlagen zum Hindernis geworden. Sie müssen in einem Zustand sein, der keine Defekte zuläßt. Perfekte Qualität verlangt perfekte Betriebsanlagen. Unternehmen, die Qualität ernst nehmen, müssen auch TPM ernst nehmen.

Kein Verlust an Geschwindigkeit der Betriebsanlagen ist das dritte Ziel. Geschwindigkeitsverlust ist einer der »versteckten Verluste«, weil er (oder die Zyklusdauer) gewöhnlich nicht gemessen und mit den Spezifikationen verglichen wird. Manchmal ist die theoretische Geschwindigkeit oder auch Taktzeit nicht bekannt und wurde auch nicht ermittelt. Sehr oft sind abgenutzte Betriebsanlagen die Ursache, die bei normaler Betriebsgeschwindigkeit nicht mehr im Toleranzbereich bleiben. Das Problem ist, daß eine solche Maschine, wenn sie zu einer Fertigungsstraße gehört, die gesamte Fertigungsstraße verlangsamt und der Ausstoß mit der Zeit allmählich abnimmt. In der Industrie beträgt der Verlust der Maschinengeschwindigkeit häufig 10 Prozent. Die Unternehmen verlieren bis zu 10 Prozent ihrer *Produktivität*, was mit TPM leicht herausgefunden und korrigiert werden kann.

Die Elemente des TPEM

Eine erfolgreich angewendete Vorgehensweise, um in der nichtjapanischen Welt TPM zu installieren, ist das TPEM (Total Productive Equipment Management, TPEM).

Die drei Komponenten des TPEM sind:

1. TPM-AM (im Mittelpunkt steht die autonome Wartung)
2. TPM-PM (im Mittelpunkt steht die präventive und vorausschauende Wartung)
3. TPM-EM (im Mittelpunkt steht das Management und die Verbesserung der Betriebsanlagen)

TPM-AM bewirkt und organisiert die Beteiligung der Arbeiter an der Schmierung und Instandhaltung ihrer Maschinen. Autonome Wartung ist die Grundlage der japanischen Methode; sie spielt jedoch in der westlichen Welt eine weniger dominante Rolle. Man muß sich vor Augen führen, daß die Unterschiede in der Kultur und im Managementstil deutlich genug sind, um außerhalb Japans normalerweise eine andere Definition und Sichtweise von »autonomer Instandhaltung« zu entwickeln.

Ein gewisses Maß an »autonomer Instandhaltung«, eingebunden in die Struktur der kleinen Arbeitsgruppen, ist jedoch wichtig und entscheidend für den Erfolg von TPM. Mit TPM-AM können Sie Art und Umfang der Beteiligung der Mitarbeiter feststellen, die zur Kultur Ihrer Firma und Ihres Werkes paßt und den Erfordernissen Ihrer Betriebsanlagen und Organisation entspricht (siehe Kapitel 7).

TPM-PM einschließlich vorbeugender sowie vorausschauender Instandhaltung ist ein vollständiges PM-System über die gesamte Lebensdauer der Betriebsanlagen. Zu einem gewissen Grad gibt es Überlappungen mit TPM-AM, da von den Arbeitern erwartet wird, daß sie sich an der vorbeugenden Wartung ihrer Maschinen beteiligen, um schließlich Typ I der PM in einer autonomen Weise auszuführen. Ein gutes PM-System muß jedoch unter TPEM entwickelt und durchgeführt werden, unabhängig vom Grad der Beteiligung der Arbeiter. (TPM-PM wird detailliert in Kapitel 8 behandelt.)

TPM-EM ist eine sehr interessante Möglichkeit, um schnell die Leistung Ihrer Betriebsanlagen zu verbessern und um Ihre Arbeiter von Anfang an in TPM miteinzubeziehen. Dieses Teilgebiet von TPM ist sehr profitabel, aufregend und oft unterhaltsam. TPM-EM wird gewöhnlich als erste Komponente in einem Werk installiert, wenn die Verbesserung der Betriebsanlagenleistung hohe Priorität hat. Sie erhalten wertvolle Hinweise auf Begabung und Potential Ihrer Arbeiter und des Wartungspersonals, womit Sie in die Lage versetzt werden, deren Fähigkeit einzuschätzen und die gesamten TPM-Installationen erfolgreich zu vervollständigen. (Details zu TPM-EM finden Sie in Kapitel 9.)

Die Bedeutung von »total«

Was genau bedeutet das »total« in TPM wirklich? Als erstes steht es für die totale ökonomische Effektivität. Das bedeutet, daß Sie einen Grad an Profitabilität erwarten können, den Sie niemals zuvor erreicht haben. TPM zahlt sich mehr als nur aus. ROI (Return on Investment, Investitionsrückfluß) in Höhe von 400 Prozent und mehr sind außerhalb Japans erreicht worden.

TPM beinhaltet auch eine totale Erfassung. Sie werden die gesamten Betriebsanlagen prüfen und sich damit beschäftigen, nicht nur mit den Engpässen. Im ganzen Werk wird die bestmögliche Wartung und Maschinenleistung angestrebt. Es ist jedoch naheliegend, daß während der Installation zuerst die »produktionslimitierenden« Maschinen im Mittelpunkt stehen und verbessert werden.

»Total« schließt alle Aspekte des Wartungssystems ein. Nicht nur vorbeugende und vorausschauende Wartung, sondern auch geplante Wartung, computergesteuerte Wartung (CMMS), Wartungskontrolle, gute Planung und Protokollierung und alle anderen Wartungstechniken, die zu Ihrer Verfügung stehen.

»Total« bedeutet eine vollständige Beteiligung aller betroffenen Mitarbeiter. TPM ist kein System für die Instandhaltung oder nur eine Schicht. Um richtig zu funktionieren, müssen alle beteiligten Mitarbeiter TPM kennen und nach besten Kräften umsetzen. Das schließt insbesondere ein Management ein, das Führung, Anleitung und Unterstützung, Anerkennung und ein System der Belohnung vermittelt.

In späteren Phasen bedeutet »total« nicht nur den Bereich Ihrer Betriebsanlagen und der Produktion, sondern andere Abteilungen, die sich mit den Betriebsanlagen befassen, wie etwa Engineering, Einkauf usw. In einigen Werken ist TPM auch auf die Verwaltung ausgeweitet worden.

Die TPM-Organisation

Um TPM erfolgreich in Ihrem Werk oder Ihrer Gesellschaft zu installieren, muß es durch eine Organisationsstruktur unterstützt werden, die seinen Fortschritt und Erfolg ermöglicht. Sehr oft wird die Notwendigkeit dazu nicht (oder zu spät) erkannt, wodurch der Verlauf einer ansonsten guten TPM-Installation verlangsamt wird.

Abbildung 5 zeigt schematisch eine typische TPM-Organisation. Die Linienorganisation reicht vom Topmanagement, das im TPM-Lenkungsausschuß vertreten ist, bis hinab zu den TPM-Kleingruppen auf Produktionsebene.

Typische TPM-Organisation

Stabsfunktionen

- Firmen- oder Bereichsexperte für TPM
- TPM-Experte für die Produktion
- TPM-Manager/Koordinator
- TPM-Personal

(Funktionen)

- Bericht
- Bericht
- Organisation & Bericht
- Bericht Unterstützung
- Training/Support

Linienfunktion

- TPM-Lenkungsausschuß in der Firmenleitung
- TPM-Lenkungsausschuß in der Fabrik
- Abteilungs-/Bereichsausschüsse für TPM
- Kleine TPM-Arbeitskreise (CATS siehe Kapitel 9)

Abbildung 5

Die *Stabsorganisation* schließt einen TPM-Champion für das Werk ein, gewöhnlich ein hochrangiger Manager, der für das gesamte TPM verantwortlich zeichnen wird. Die für Ihren TPM-Erfolg wichtigste Person ist jedoch der TPM-Manager, manchmal als TPM-Koordinator bezeichnet. Dieser Job ist in der Regel eine Vollzeitaufgabe (außer in einem kleinen Werk) mit der Verantwortung für Planung und Durchführung Ihrer TPM-Installation. Der TPM-Manager entwickelt und führt die TPM-Ausbildung durch, leitet die Machbarkeitsstudie, mißt und berichtet über den Fortschritt und treibt TPM in Ihrem Werk voran. Zusätzliche Aufgaben bestehen darin, die verschiedenen TPM-Kleingruppen zu unterstützen und eine Verbindung innerhalb dieser Gruppen zu vermitteln, zwischen Wartung und Produktion und zwischen der TPM-Organisation und dem Management. Das ist in der Tat eine überaus wichtige und entscheidende Position, deren richtige Besetzung oft der Schlüssel zum TPM-Erfolg eines Unternehmens ist.

Abhängig von der Größe Ihres Werks und der Arbeitslast Ihres TPM-Managers kann ein Bedarf an einem TPM-Mitarbeiterstab in Ganztags- oder Teilzeitarbeit bestehen, der den TPM-Manager unterstützt und ihm berichtet. Der Mitarbeiterstab ist häufig an der Entwicklung und Verbreitung von TPM-Ausbildung und der Unterstützung der TPM-Kleingruppen beteiligt.

Die organisatorischen Erfordernisse und Stellenbeschreibungen werden detaillierter in den Kapiteln diskutiert, die sich mit der Machbarkeitsstudie, der Planung der Installation und der TPM-Installation befassen.

4

Die Macht von TPM

Obwohl TPM vergleichsweise noch in den Kinderschuhen steckt, gibt es bereits eine Reihe von Erfolgsgeschichten zu erzählen. Die Japaner wenden TPM natürlich schon seit über 20 Jahren an. Heute wird angenommen, daß mehr als 1.000 japanische Werke TPM nutzen, wobei das ganze Spektrum der Industrien abgedeckt wird, von der Mikroelektronik bis zu Kraftfahrzeugen und Stahlindustrie.

Wenn die Japaner auch die Ersten waren, so können sie doch TPM nicht für sich allein beanspruchen. Der Trend ist international. Es gibt in Lateinamerika, Südostasien und Europa eine ungeheure Woge des Interesses an TPM.

Auch in den Vereinigten Staaten hat TPM bei einer Anzahl großer Unternehmen Anklang gefunden. Ford Motor Company, Eastman Kodak, DuPont, Colgate-Palmolive und Motorola sind einige der führenden Gesellschaften, die TPM jetzt in vielen Werken sowohl in den Vereinigten Staaten als auch in Europa installieren.

TPM wirkt sich auf die ganze Produktion aus

Die meisten Resultate sind hervorragend. Und sie stellen sich in allen Phasen des Produktionsprozesses ein. In einem Flugzeugwerk in den Vereinigten Staaten trug die Einführung von TPM dazu bei, daß die Anforderungen an den Instandhaltungsservice in nur drei Monaten um 29 Prozent reduziert wurden.

Natürlich ist das primäre Ziel von TPM, die Ausfallzeiten der Betriebsanlagen zu reduzieren. Der Grund ist einfach. Sie können nur Geld machen, wenn Ihre Betriebsanlagen laufen. Das Warten auf das Wartungspersonal und die Reparatur von Maschinenschäden kostet Sie wertvolle Produktionszeit. Deshalb müssen Sie Betriebsstörungen verhindern und unnötigen Leerlauf und Stillstand der Betriebsanlagen eliminieren. Sie müssen Ihre Mitarbeiter schulen und motivieren, sich zu beteiligen, damit diese Ziele erreicht werden.

Allein diese vier Reduktionen – weniger Ausfall der Betriebsanlagen, schnellere Umrüstvorgänge, weniger Ausfallzeiten für Wartung und weniger Leerlauf und Stillstand – können Ihnen 40 Prozent mehr Ausstoß in derselben Zeit bringen. Das ist, als ob für jede Stunde, die Ihre Maschinen in Betrieb sind, 24 Minuten zusätzliche Produktionszeit gewonnen würde.

Durch Anwendung von TPM können Sie die Maschinengeschwindigkeit um ungefähr 10 Prozent erhöhen. Einer der wichtigsten Gründe für eine Verlangsamung der Maschinen sind abgenutzte Teile. Ein weiterer Grund sind lockere Bolzen und Schrauben in der Maschine. Vibrationen verursachen dann eine Lockerung dieser Befestigungen. Es gibt Vibrationen bei jeder Maschine, die einen Motor oder andere rotierende oder oszillierende Bestandteile hat. Einiges davon kann durch Auswuchten von Lagern, Getrieben und Wellen gedrosselt werden. Aber sogar die neueren Hochpräzisionsmaschinen haben Vibrationen. Deshalb ist das Anziehen von Bolzen und Schrauben eine Routinearbeit, die sich durch eine Steigerung der Maschinengeschwindigkeit schnell auszahlt.

Die Schmierung ist das Lebenselexier des Maschinenbetriebs und der -geschwindigkeit, leider wird sie oft vernachlässigt. Die Maschinen sollten von den Mitarbeitern mit Hilfe einer Checkliste inspiziert werden, um sicherzustellen, daß die Wartung regelmäßig durchgeführt wird. Alle diese Aktionen erhalten die Betriebsanlagen in einem besseren Zustand, so daß sie bei einer höheren Geschwindigkeit betrieben werden können.

Reduzieren der Ausschußrate

Im Tochigi-Werk von Nissan hat TPM die Ausschußrate um 90 Prozent verringert, von zehn pro tausend auf eins pro tausend. Auch Ihre Qualität kann von 99 Prozent auf 99,99 Prozent ansteigen. Einige Anlagen von Ford und Motorola erreichen dies bereits. Das ist sehr nah am Ziel von Null-Ausschuß.

Regelmäßige Wartung ist der Schlüssel und durch Protokollieren stellen Sie sicher, daß PM und andere Instandhaltung nach Plan durchgeführt werden. Viele qualitätsbewußte Unternehmen nutzen bereits statistische Prozeßkontrollen (Statistical Process Control, SPC). In SPC geschulte Mitarbeiter machen Statistiken, Diagramme und erledigen weitere Schreibtischarbeit. Wenn man vor einigen Jahren Arbeiter gebeten hätten, dies zu tun, dann hätten sie gesagt, dies sei unmöglich. Heute liegen die Dinge anders.

Die meisten motivierten Arbeiter werden auch ihre Maschinen regelmäßig überprüfen. Noch einmal, es ist eine Schulung notwendig, damit eine solche Reaktion hervorgerufen wird. Aber wenn erst einmal ein starkes Interesse der Arbeiter an ihren Maschinen geweckt wurde, dann werden sie sie überprüfen wollen, um sicherzustellen, daß sie in einem guten Zustand sind.

Die Grundlage für diese Qualitätssteigerung ist die Verbesserung der Betriebsanlagen und eine kompromißlose Wartung. Sie haben eine viel bessere Chance, ein Qualitätsprodukt zu produzieren, wenn Sie sicherstellen, daß Ihre Betriebsanlagen in hervorragendem Zustand sind. Und genau das ist es, was man braucht, um auf dem heutigen Weltmarkt konkurrenzfähig zu sein.

Die Passion der Produktivität

Die höhere Qualität und die verbesserte Leistung der Betriebsanlagen führen zu einer gesteigerten Produktivität. Dai Nippon in Osaka, Japan, hat einen *werksweiten* Produktionszuwachs von 50 Prozent erreicht. Diese Zugewinne wurden durch weniger Störungen, geringeren Leerlauf und weniger Stillstand, kürzere Montagezeiten, höhere Geschwindigkeit und weniger Ausschuß erzielt.

Stellen Sie sich vor, Sie würden zur Zeit 1.000 Teile oder Komponenten am Tag produzieren und könnten dies auf 1.500 erhöhen, *ohne* eine Extraschicht einzuführen. Welchen Effekt würde das auf das Einkommen Ihres Unternehmens haben? Das ist die Macht von TPM.

Normalerweise können Sie nicht erwarten, daß Ihr ganzes Werk eine 50prozentige Verbesserung erreicht. Aber bei vielen Maschinen ist es möglich. Setzen Sie ein Ziel, das Sie erreichen können, indem Sie die augenblicklichen Zustände in Ihrem Werk studieren und die gesamte Effektivität Ihrer Betriebsanlagen kalkulieren, dann festlegen, wie Sie dies verbessern können und wie hoch der neue Ausstoß sein wird.

Die Kontrolle der Instandhaltungskosten

Roboter, automatisierte Fabriken, computergesteuerte Herstellung, computergestützte numerische Kontrolle (CNC) – alle diese hochtechnischen Errungenschaften helfen den Unternehmen, mehr und bessere Qualitätsprodukte zu produzieren. Aber die neuen, komplizierten Maschinen, die zu dieser Technologie gehören, sind teuer in Anschaffung, Reparatur und Wartung. Die Anforderungen an die Instandhaltung und die Wartungskosten klettern in die Höhe, wo immer diese neue Technologie installiert wird.

TPM kann dazu beitragen, die Wartungskosten zu kontrollieren. In Betrieben, in denen TPM installiert wurde, wurde über Kostensenkungen von 30 Prozent berichtet. Manchmal können diese 30 Prozent schon auf einem Gebiet allein erreicht werden, zum Beispiel durch Verringerung der Wegezeiten und sonstigen Verzögerungen. Der Arbeiter ist schon vor Ort, und mit der richtigen Schulung kann er viele Probleme beseitigen und damit einen großen Teil der Wegezeitkosten eliminieren.

Verzögerungen können bis zu 35 Prozent der Arbeitszeit eines Wartungsmitarbeiters verschlingen. Sie planen einige Wartungsarbeiten an einer Maschine ein, der Wartungsfachmann erhält einen Arbeitsauftrag und geht zur betreffenden Stelle. Dort kann jedoch der augenblickliche Produktionsablauf nicht unterbrochen werden. Der Wartungsmitarbeiter wartet – und wartet. Sie bezahlen diesen bestens ausgebildeten und hochbezahlten Experten dafür, daß er herumsitzt und einer Bandstraße im Betrieb zuschaut. Wenn diese Arbeit vom Maschinenbediener getan werden könnte, dann könnte man sie günstig und ohne Zeitverlust in einen Produktionsstop einplanen.

Abbildung 6 veranschaulicht, wie Sie eine Instandhaltungsabteilung durch TPM in einen High-tech-Betrieb umwandeln. Delegieren Sie die Routinearbeiten, wie etwa Reinigen der Betriebsanlagen, Justierung, Schmieren und Einrichten, auf die Arbeiter an den Maschinen. Sie können sogar viele Inspektionsaufgaben übergeben, einige oder die meisten Aufgaben der vorbeugenden Wartung und vielleicht einige einfachere Reparaturaufgaben.

**Instandhaltungsabteilung von
»Low-tech« nach »High-tech«**

Zusätzliche
»High-tech«-Arbeit:

Anlagen:
❏ Verbesserung
❏ Überholung
❏ Überwachung

Hauptsächliches
PM einschließlich
vorausschauender
Instandhaltung

Neuer
Anlagenentwurf

Training des
Bedienungs-
personals

Verbesserte Abteilung für High-tech-Instandhaltung

»High-tech«-
Arbeit

Abteilung für
Instandhaltung

»Routinearbeit«
(ca. 30%)

Bestehende Abteilung für High-tech-Instandhaltung

Übertragung
von »Routine-
arbeit« an das
Bedienungs-
personal
(nach einem
Training)

Anlagen:
❏ Reinigen
❏ Einstellen
❏ Schmieren
❏ Inbetrieb-
    nehmen
❏ Inspizieren
❏ PM
    (etwas bis
    nahezu alles)
❏ kleine
    Reparaturen
    (einige)

Abbildung 6

Das entlastet die Wartungsmitarbeiter, so daß sie mehr Zeit in High-tech-Aktivitäten, wie etwa Überprüfen und Verbessern der Betriebsanlagen investieren können. Qualifizierte Facharbeiter sollten die wichtigeren PM erledigen sowie die notwendigen Überholungen und Verbesserungen der Betriebsanlagen, für die nie genug Zeit zur Verfügung zu stehen scheint. Eine weitere High-tech-Aufgabe für diese Spezialisten ist die vorausschauende Wartung, um den Zustand der Betriebsanlagen und notwendige Reparaturen festzustellen. Sogar die Assistenz bei dem Entwurf neuer Betriebsanlagen liegt im Bereich dieser Facharbeiter.

Zu einem neuen High-tech-Wartungsbetrieb gehört die Schulung der Maschinenarbeiter, die bei TPM wichtig wird. Wenn die Wartungsmitarbeiter die Vorteile erkennen, die das Übertragen ihrer Routinearbeiten auf die Arbeiter bringt, dann wird die Schulung hohe Priorität erhalten.

Verbesserung Ihres Sicherheitsstands

Ein weiterer Vorteil von TPM ist die erhöhte Sicherheit. Zusätzlich zum Null-Ausschuß ist das Ziel von TPM das Erreichen von Null-Unfällen. Bei Tennesse Eastman, einem Chemieunternehmen, das die erste und erfolgreichste TPM-Installation in den Vereinigten Staaten durchführte, ereigneten sich nur drei unbedeutende Unfälle, wobei jedoch in den letzten vier Jahren über 1.000.000 TPM-Aufgaben zu bewältigen waren (Arbeiten, die zuvor die Wartung erledigte). Dies ist eine enorme Verbesserung gegenüber früheren Statistiken. Bei TPM werden die Arbeiter geschult und motiviert, sicher zu arbeiten. Wenn ein Arbeiter nicht sicher ist, wie eine TPM-Aufgabe korrekt ausgeführt werden muß, dann springt ein anderer, erfahrener Arbeiter ein und hilft. Das ist das Teamkonzept und der Grund, warum die Sicherheit mit TPM drastisch erhöht wird.

Die Zahl unter dem Strich

Das TPM-Programm zahlt sich im Investitionsrückfluß mehr als aus. Dai Nippon, eine große japanische Druckerei, investierte 2,1 Millionen Dollar in TPM. Aber das Unternehmen sparte in demselben Zeitraum 5,5 Millionen Dollar ein, das ist ein ROI von 262 Prozent. Tennesse Eastman gibt jährlich 1 Million Dollar für TPM aus. Ihre dokumentierte *Kostenreduktion* beträgt über 5 Millionen Dollar im Jahr, also ein ROI von über 500 Prozent. Darin sind die Gewinne aus der verbesserten Produktivität (Ausstoß) nicht enthalten, die auf ein Vielfaches des Kostenreduktionsgewinns geschätzt werden!

Sie müssen einiges in TPM investieren, damit es läuft. TPM ist nicht etwa ein schnelles Heilmittel. Es gibt Kosten für Administration, Schulung und für die Verbesserung der Betriebsanlagen. Sie müssen kalkulieren können, wo Einsparungen möglich sind und wieviel Sie annäherungsweise an Gewinnen erwarten können.

Hier ein Beispiel aus dem Tennessee Eastman Werk, das Ihnen eine Vorstellung davon geben soll, wie Einsparungen zu kalkulieren sind. Einige der Maschinen enthalten eine kleine gummierte Scheibe, die als Sicherheitsventil dient. Wenn das Vakuum in der Maschine (ein chemischer Reaktor) zu hoch wird, zerbricht die Scheibe und die Maschine steht still. Vor TPM dauerte es vier Stunden, bis die Maschine wieder in Betrieb war.

Warum so lange? Der Arbeiter an der Maschine informierte den Produktionsvorarbeiter, der seinerseits den Wartungsdienstleiter, der wiederum jemanden aus einer augenblicklichen Aufgabe herausholte, um schließlich das Problem zu beseitigen. Der Facharbeiter ging dann zum Lager, um das

Ersatzteil zu holen, brachte es zur Maschine und entfernte dann vier Schrauben an zwei Flanschen. Er entfernte das zerbrochene Teil, setzte das neue ein, paßte es richtig ein und zog die Schrauben wieder fest. Dies geschah mehr als zweihundertmal im Jahr. Das ergibt 800 Stunden, die bei jährlichen Kosten von ungefähr 20.000 Dollar mit dem Auswechseln eines Sicherheitsventils verbracht wurden.

Als TPM installiert wurde, entschieden die Arbeiter (zusammen mit der Wartung), daß dies eine Aufgabe sei, die sie selber ausführen könnten, wenn sie das richtige Werkzeug und die Ersatzteile zur Verfügung hätten. So übernahmen sie, nach einer Schulungsphase, diese Aufgabe. Und es geschah etwas Seltsames. Die Anzahl der Ausfälle aufgrund des Sicherheitsventils reduzierte sich zuerst auf 20 im Jahr, und ein Jahr später auf 10. Die Arbeiter hatten nämlich keine Lust, die Scheibe 200mal im Jahr zu ersetzen. Daher beobachteten sie die Skala genauer, um zu verhindern, daß das Vakuum zu hoch wurde und die Scheibe zerriß. Und weil die Arbeiter die Werkzeuge und Ersatzteile am Arbeitsplatz hatten, verkürzte sich der Stillstand der Maschine von vier auf eine Stunde.

Die neue Kalkulation (10mal eine Stunde pro Vorfall mal 25 Dollar pro Stunde) ergibt Gesamtkosten von 250 Dollar für Reparaturen. Das ist eine Kostenreduktion von 19.750 Dollar oder 99 Prozent. Es gibt außerdem der Wartungsabteilung 800 zusätzliche Stunden, in denen sie sich anderen Aufgaben widmen kann. Und die Produktion gewinnt 790 Stunden ihrer zusätzlichen Laufzeit, was allein schon sehr bedeutend ist und sogar noch nicht in der Kalkulation der Kostenersparnis enthalten ist. Wenn man diese Berechnung der Kostenreduktion mit den Hunderten von anderen Wartungsaufgaben, die Arbeiter im Betrieb erledigen können, multipliziert, dann wird der ROI wirklich beeindruckend.

Beteiligung der Angestellten

Bei jeder ausgereiften TPM-Installation sind die Arbeiter stolz auf ihre Leistung. Sie kommen zu einem und erzählen, wie sie ihre Maschine verbessert haben. Dieses Gefühl kann man nicht in Form von Kostenreduktion oder Leistungsverbesserung ausdrücken, aber es ist vorhanden und man kann es deutlich erkennen, und es liefert das Motivationspotential für weitere Maschinenverbesserungen.

Die Mitarbeiter sind mit ihrer Arbeit zufriedener, weil sie enger mit ihrer Maschine verbunden sind. Sie entwickeln ein Gefühl von »Besitz« zu der Maschine, was noch zum Gefühl von Stolz hinzukommt. Außerdem nimmt die Teamarbeit zu. Es gibt mehr Interaktionen, es wird mehr nachgedacht, um die Lösung von Wartungs- und Maschinenproblemen zu finden. Und die Teammitglieder unterstützen sich gegenseitig bei der Arbeit. Kontinuierliche Verbesserung, in Japan auch Kaizen genannt, und ein ausgeprägtes Gruppengefühl, gehören in Japan zur Arbeitskultur. Vielleicht kommt es auch daher, daß TPM in Japan so perfektioniert werden konnte.

Weil für TPM eine Schulung erforderlich ist, besitzen Ihre Angestellten ein besseres Fachwissen. Bei der rapiden Entwicklung der Technologie in den kommenden zehn Jahren bedeutet ein höheres Fachwissen ein großes Plus. In vielen Unternehmen wird der Quantensprung bei den automatisierten Betriebsanlagen Angestellte erforderlich machen, die vielseitig und besser ausgebildet sind.

Die Mitarbeit der Angestellten am TPM-Prozeß führt zu weniger Wechsel. Der Arbeitsplatz wird interessanter, weil die Angestellten am Arbeitsprozeß teilnehmen. Ihr größter Aktivposten, die Mitarbeiter, arbeitet mit Ihnen zusammen, um Qualität und Produktivität zu verbessern und um Maschinenstörfälle und Arbeitszeitverluste zu reduzieren.

Die Macht von TPM anwenden

TPM eignet sich ausgezeichnet dafür, die Angestellten in den Prozeß miteinzubeziehen. Aber Sie können nicht erwarten, daß diese Beteiligung und Motivation automatisch geschieht. Geld ist natürlich ein erstklassiger Anreiz in der ganzen Welt. Je höher qualifiziert Arbeiter sind, desto mehr Lohn können sie verdienen. Aber selbst wenn Sie Ihren Mitarbeitern höhere Löhne zahlen müssen, so sind diese Kosten eine gute Investition. Natürlich gibt es auch andere Anreize. Das können Auszeichnungen oder gemeinsame Mittagessen sein, wenn bestimmte Ziele oder Meilensteine erreicht sind.

Was man nicht vergessen darf ist, daß TPM Zeit, Entschlossenheit, Schulung und Motivation braucht. Es ist möglich, daß es ein gewisses Maß an Widerstand gegen die Änderung geben wird, manchmal auch mehr, wenn Gewerkschaften beteiligt sind. Diese Reaktion ist normal und kommt überall auf der Welt vor.

Ein Elektronikunternehmen in Malaysia benutzte eine interessante Methode, um ihren Arbeitern, zum größten Teil jungen Frauen, TPM zu erklären. Sie verglichen TPM mit einer Mutter, die sich um ihr Baby kümmert. Die Maschine ist natürlich das Baby. Die Mutter, der Mitarbeiter, ist dafür verantwortlich, das Baby sauber zu halten, zu füttern, einzucremen usw. Die Mutter überwacht auch das Baby. Wenn es schreit, ist irgendwas nicht in Ordnung. Die Mutter muß seine Temperatur messen, um festzustellen, ob das Baby Fieber bekommen hat.

Die Mutter übernimmt eine Reihe von TPM-Aktivitäten, aber was ist, wenn sie überfordert ist? Dann ist es Zeit, den Arzt zu rufen. Die Ärzte sind die Wartungsleute, die Spezialisten. Sie kommen und heilen das Baby (die Maschine), wenn die Mutter es nicht wieder gesund machen kann.

Unternehmen können TPM benutzen, um ihre Fertigungsprozesse wieder in Ordnung zu bringen. Die Heilkraft ist vorhanden. Aber wie jede Medizin, die eine Krankheit kuriert, muß es nach Vorschrift angewandt werden. Bei zu geringer Dosis wird sich der Zustand des Patienten nicht bessern. Zuviel auf einmal und der Benutzer wird negativ reagieren, was die gute Absicht zunichte macht.

Deswegen sind eine sorgfältige Analyse der heutigen Situation (die Machbarkeitsstudie), ein maßgeschneiderter Entwurf Ihres TPM-Programms und eine gut organisierte und durchgeführte Installation so wichtig.

5
Das Messen der realen Produktivität Ihrer Anlagen

Aufdecken der versteckten Fabrik

In den meisten Fabriken rund um die Welt steckt noch eine weitere, die versteckte Fabrik. Gelegentlich erhält man eine Ahnung davon, wenn die Produktion auf vollen Touren läuft, alles funktioniert und keine Maschine ausgefallen ist. Jetzt wissen Sie, es gibt sie, etwas unter der Oberfläche – Ihre Fabrik, wie sie sein könnte, wenn alles so funktionierte, wie es sollte. Sie wünschen, es könnte immer so sein, aber irgendwelche Probleme tauchen auf und die Erscheinung verschwindet wieder, Ihrem Blick verborgen, durch die Realität des Fabrikalltags.

TPM ist der Schlüssel, mit dessen Hilfe Sie die verborgene Fabrik erschließen können und, vielleicht, 25 Prozent bis 30 Prozent mehr Kapazität aus Ihrer Fabrik herausholen können. Nun zeige ich Ihnen, wie Sie die heutige Anlagenproduktivität berechnen und das Verbesserungspotential bestimmen können.

Die Anlagenproduktivität

Das Maß für die wirkliche Produktivität Ihrer Anlagen ist TEEP (Total Effective Equipment Productivity, gesamte effektive Anlagenproduktivität).

Dies ist die übergreifende Formel, die sowohl die Anlagenauslastung (Equipment Utilization, EU) als auch die Gesamtanlageneffektivität (Overall Equipment Effectiveness, OEE) einschließt. Die meiste TPM-Literatur betrachtet nur OEE und übersieht dabei die Tatsache, daß eine hohe Auslastung der Anlagen für eine hohe Anlagenproduktivität und -rentabilität (Return on Assets, ROA) erforderlich ist. Sie können Ihr OEE auf Kosten der Maschinenauslastung verbessern, indem Sie alle Umrüstungs- und Instandhaltungsarbeiten während geplanter Standzeiten durchführen. Wenn die Fabrikmanager aber wirklich an guter Anlagen- und Kapazitätsauslastung interessiert sind, ist die TEEP-Formel von höchster Wichtigkeit (Abb. 7).

TEEP (mit der Betonung auf »effektiver Produktivität«) schließt die geplante Standzeit ein und ist ein kombiniertes Maß für Anlagenauslastung und die Gesamtanlageneffektivität.

OEE (Brutto-Anlageneffizienz) ist das traditionelle und meistverwendete Maß in TPM. Es zeigt an, was die Anlagen leisten, *wenn sie betrieben werden*. Es ist allerdings kein genaues Maß für die Effektivität der Anlage, da Montagen, Umrüstvorgänge und die damit verbundenen Einstellarbeiten eingeschlossen werden. Es hat nicht viel mit der eigentlichen Leistung der Anlagen zu tun, spiegelt aber die Anlageneffektivität wider, während die Anlage betrieben wird.

Eine dritte Formel scheint angebracht, die eindeutig die *wirkliche Qualität und Effektivität der Anlage während ihres Betriebs* widerspiegelt. Es ist die Netto-Anlageneffektivität (Net Equipment Effectiveness, NEE).

Sie schließt nicht nur die geplante Standzeit, sondern auch die Ausfallzeiten für die Einrichtung und die Justierung der Anlagen aus. Diese Formel gibt den wirklichen mechanischen Zustand der Anlage wieder.

Die drei wichtigsten TPM-Formeln

TEEP (Totale effektive Anlagenproduktivität)

= Nutzungsgrad der Anlagen (EU) x
Brutto-Anlageneffizienz

OEE (Brutto-Anlageneffektivität)

= Anlagenverfügbarkeit (EA) x
Leistungseffizienz (PE) x
Qualitätsrate (RQ)

NEE (Netto-Anlageneffektivität)

= Zeit der Betriebsbereitschaft (UT) x
Leistungseffizienz (PE) x
Qualitätsrate (RQ)

Abbildung 7

Die Ausfälle der Anlagen

Um die drei Indikatoren TEEP, OEE und NEE berechnen zu können, muß man wissen, welche Anlagenverluste es denn gibt. TPM befaßt sich mit Anlagenausfällen, die die Anlageneffektivität beeinträchtigen.

Dabei gibt es mindestens fünf Kategorien:

❏ Einrichten und Justierarbeiten

❏ Stillstand (Maschinenversagen)

❏ Leerlauf und kleinere Wartezeiten

❏ Verringerte Arbeitsgeschwindigkeit

❏ Prozeßfehler (Abb. 8)

In vielen Unternehmen gibt es noch mehr Kategorien, wie zum Beispiel Minderung durch Aufwärmzeiten, Testläufe usw. Diese Verluste oder Minderungen der Anlageneffektivität müssen im voraus identifiziert und in eine geeignete Formel übertragen werden. Es hat sich nun herausgestellt, daß »reduzierter Ausstoß« oder Anlaufminderung (die Differenz zwischen Anlagenstart und stabiler Produktion), wie sie in anderen Publikationen beschrieben wird, insofern nicht für Messungen geeignet sind, als sie normalerweise aus einer Kombination der oben genannten fünf Verlust- oder Minderungskategorien bestehen, die alle in der Reparatur- oder Anlaufphase einer Anlage auftreten können. Es empfiehlt sich deshalb, die OEE während der Inbetriebnahme der Anlage zu berechnen, und dann erst wieder bei stabiler Produktion. So erhält man schließlich die Ausstoßminderung.

In der Halbleiterindustrie wird der Ausdruck »Ausstoß« für den Anteil (in Prozent) brauchbarer Chips aus einem Wafer

Anlagenverluste, die man messen kann und die man messen muß	
Anlagen- verfügbarkeit	Einrichten und Justieren – einschließlich Umrüsten – Programmierung – Testläufe Maschinenversagen – sporadische Ausfälle – chronische Ausfälle
Anlagen- effizienz	Leerlauf und kleinere Ausfälle – Probleme in der Materialzufuhr und andere kurze Stops – fehlende Teile oder Bedienung – »Blockierung« – sonstiges Reduzierte Arbeitsgeschwindigkeit – Abnützung der Anlage – Genauigkeitsprobleme
Qualität	Prozeßfehler – Verwurf – Überarbeitung
	Sonstiges – Anlauf der Anlage usw.

Abbildung 8

(das ist der »Rohling«, aus dem die eigentlichen Chips später herausgeschnitten werden) verwendet. Dieser Ausdruck kann in der OEE-Formel für den Qualitätsbereich verwendet werden. Wie auch immer, hier ist Vorsicht angebracht, denn dies hat keinerlei Bezug zur aktuellen Effizienz der betrachteten Maschine.

Der erste Verlust, der bei Anlagen auftritt, entsteht bereits bei der Einrichtung und Justierung bzw. Einstellung. Wenn Sie eine Maschine einrichten, ist sie außer Betrieb, auch wenn sie nicht defekt ist. Natürlich ist dies ein notwendiger Teil der Produktion, aber da dieses Einrichten *variabel* und damit reduzierbar ist, ist es auch ein durch die Anlage verursachter Verlust. Da Einrichten und Justieren häufig die größten Anlagenverluste sind, müssen diese genau gemessen werden. Erst dann können Verbesserungen systematisch und sinnvoll entwickelt werden.

Ungeplante Standzeit (Maschinenversagen) ist der nächste Faktor. Es gibt zwei Arten von Anlagenfehlern: sporadische und dauernde. Sporadische Fehler treten plötzlich auf. Irgendetwas an der Maschine wird defekt. Gewöhnlich ist die Ursache leicht zu finden und das Problem einzukreisen. Solche Fehler treten in der Regel nach der Reparatur nicht mehr auf. Dauernd wiederkehrendes, chronisches Versagen ist bedeutend schwieriger zu handhaben. Irgendwann und unvorhersehbar bleibt die Maschine stehen und man weiß einfach nicht, warum. Sie haben einen Verdacht, aber man kann ihn nicht konkretisieren. Vielleicht beginnt man in der Fabrik sogar, diesen Fehler zu tolerieren. Ein solcher Kompromiß ist sicher nicht die richtige Lösung und unter TPM keineswegs erlaubt.

Diese beiden ersten Verlustfaktoren zeigen sich in der Messung der *Anlagenverfügbarkeit*. In jedem Fall ist die Maschine außer Betrieb und für die Produktion nicht verfügbar.

Die nächsten Verlustfaktoren nennt man auch »versteckte Verlustfaktoren«. Sie werden gewöhnlich nicht als Stillstandzeit gemessen oder aufgezeichnet, da die Abteilung für Instandhaltung gar nicht erst gerufen wird und die Anlage auch nicht außer Betrieb ist. Sie läuft einfach ineffizient.

In diese Kategorie fallen zum Beipiel Leerlauf und kleinere Ausfälle. Der Antrieb der Maschine läuft zwar noch, aber die Anlage produziert nicht. Vielleicht gibt es ein Problem mit der Materialzufuhr oder die folgende Maschine funktioniert nicht und blockiert diese Anlage. Es kann auch sein, daß die Bedienung für ein paar Minuten nicht anwesend ist. Es kann auch sein, daß das Material ausgegangen ist, daß die Maschine dejustiert ist und neu eingestellt werden muß. Es gibt sehr viele Gründe für Leerlauf und kurze Ausfälle.

Diese kleinen Probleme können die Ursache für einige der größten Verluste in der Fabrik sein. In einer Elektronikfabrik in Asien testete einmal eine Mitarbeiterin elektronische Bauteile. Diese wurden der Maschine durch einen Teilekanal zugeführt. Die Maschine stoppte sehr häufig (aufgrund eines Problems in der Materialzuführung), und die Mitarbeiterin nahm einen großen Zahnstocher, um die Stauung zu beheben und die Maschine wieder in Gang zu setzen. Sie brauchte nur vier Sekunden, um das Problem zu beheben – allerdings dreimal in der Minute. Das sind 12 Sekunden oder sage und schreibe 20 Prozent der Produktionszeit. Summiert über eine komplette Acht-Stunden-Schicht ergibt sich ein beträchtlicher Verlust an Produktivität.

Probleme in der Materialzuführung (Stauungen) treten in jeder Darstellung von Leerlauf und kurzen Ausfällen deutlich hervor und sind oft Hauptursache für einen hohen Anteil an Produktivitätsverlust. Trotzdem sind die Ursachen für Probleme dieser Art relativ leicht zu beheben.

Reduzierte Arbeitsgeschwindigkeit ist der vierte Hauptfaktor für Produktivitätsverluste. Ihre Ursache sind meistens schlecht gewartete, abgenutze oder verschmutzte Anlagen. Andere Gründe können zum Beispiel schlechte Fehlerbebung während der Inbetriebnahme, defekte Mechanik oder Systemkomponenten, Schwächen im Design und ungenügende Genauigkeit der Anlage sein.

Die letzten beiden Verluste werden durch die *Leistungseffizienz* dargestellt. Die Maschine ist jedenfalls nicht außer Betrieb, sondern arbeitet nur auf niedrigerem Niveau.

Der fünfte Anlagenverlust sind die Prozeßfehler. Wenn ein Teil ausgestoßen wird oder überarbeitet werden muß, geht Produktionszeit verloren. Dieser Verlust ist, verglichen mit anderen wesentlichen Anlagenverlusten, relativ klein. Wie auch immer, in der heutigen Welt »totaler Qualität« kann man keine Verwürfe, erst recht nicht diejenigen, die von Maschinen verursacht werden, zulassen. Wenn die Anlagen unter TPM dann verbessert und intensiver instandgehalten werden, reduzieren sich auch typischerweise die Qualitätseinbußen. Trotzdem müssen die Ursachen für jede Qualitätseinbuße untersucht und das entsprechende Anlagenproblem behoben werden. Dieser Produktivitätsverlust wird gewöhnlich als Maßstab für die Qualität verwendet.

Wie vorher schon diskutiert, gibt es viele Ausfallmöglichkeiten in Ihrer Fabrik. Im Rahmen einer Machbarkeitsanalyse sind sie zu identifizieren und in Ihr Kalkül mit einzubeziehen.

Indem man jede dieser möglichen Produktivitätseinbußen genau ermittelt, erhält man die Bruttoeffizienz (OEE) und die Nettoeffizienz (NEE) seiner Anlagen. Ohne eine saubere Bestimmung und Quantifizierung dieser Anlagenverluste wird es sehr schwierig, ein effektives und maßgeschneidertes TPM-Programm einzurichten.

Berechnung der Anlageneffizienz

Wenn nun all diese Verluste bekannt sind, kann man seine Anlageneffizienz Schritt für Schritt berechnen. Die Abbildungen 9 und 10 zeigen das Verfahren und ein typisches Beispiel.

Ihre Anlagen befinden sich 24 Stunden am Tag in Ihrer Fabrik. Deshalb setzen Sie bitte die insgesamt verfügbare Zeit mit 1.440 Minuten (= 24 Stunden) an. Die Firma, die dieses typische Beispiel liefert, arbeitet in zwei Schichten. Subtrahieren Sie deshalb 480 Minuten (= 8 Stunden) für einen Zweischichtbetrieb. Subtrahieren Sie dann die Dauer des geplanten Maschinenstillstands, die auch Pausen und Mahlzeiten für die beiden anderen Schichten berücksichtigt, außerdem die geplanten Instandhaltungszeiten und andere geplante Standzeiten wie Besprechungen und nicht geplante Produktion. Diese Berechnung ergibt Ihre prozentuale Anlagennutzung (60,4 Prozent).

Die verbleibende Zeit, nach Abzug der ungenutzten Anlagenzeit, auch Laufzeit genannt, beträgt 870 Minuten. Hier startet nun die OEE-Berechnung, denn jetzt kommen die aktuellen Verluste der Anlagen ins Spiel. Zunächst berechnet man die Zeit, die für die Maschineneinrichtung (also Umrüstung und Justierung) benötigt wird (70 Minuten). Das ergibt schließlich die *geplante Verfügbarkeit* (92,0 Prozent), ein Teil der Anlagenverfügbarkeit.

Die Zeit, die nach Abzug der Einrichtzeit verbleibt, ist die Betriebszeit. An diesem Punkt beginnt die Berechnung der Netto-Anlageneffizienz (NEE). Dabei wird der Zeitbetrag für ungeplanten Maschinenstillstand aufgrund von Maschinenversagen bestimmt, woraus sich der Anteil (in Prozent der Betriebszeit) für die betriebsbereite Anlage ergibt. Leider ist

Definitionen der Berechnungen des Anlagenverlusts

Laufzeit = Verfügbarkeitsdauer − geplante Standzeit

Betriebszeit = Verfügbarkeitsdauer − geplante Standzeit − Rüstzeit

Nettobetriebszeit = Verfügbarkeitsdauer − geplante Standzeit − Rüstzeit − Standzeit

Nutzbare Betriebszeit = Verfügbarkeitsdauer − geplante Standzeit − Rüstzeit − Standzeit − Verlustzeit

Nettoproduktivzeit = Verfügbarkeitsdauer − geplante Standzeit − Rüstzeit − Standzeit − Verlustzeit − Verlust durch Defektdauer

- 8 Stunden/Schicht x 3 Schichten x 7 Tage (1.440 min/Tag)
- Keine Produktion eingeplant, Pausen, geplante Mahlzeiten, Wartung
- Rüstvorgänge, Umrüstung, Kalibrierung, Konfigurationsänderungen, Tests
- Ausfälle, irgendwelche andere ungeplanten Anlagenfehler
- Kleinere Stops, keine Teile, keine Bedienung, Geschwindigkeitseinbußen
- Verlustzeit durch Nachbearbeitung von Material, Ausschuß

Abbildung 9

Rechenbeispiel

Gesamtverfügbarkeit (24 Stunden) *TEEP*	= 1.440 min	
❏ Betrieb nicht vorgesehen	− 480 min	
❏ geplante Standzeit (inkl. Pausen)	− 90 min	
Laufzeit *OEE*	= 870 min	
❏ Rüst- und Einstellvorgänge	− 70 min	
Betriebszeit *NEE*	= 800 min	
❏ ungeplante Standzeit (Versagen)	− 50 min	
Nettobetriebszeit	= 750 min	
❏ Leerlauf und kurze Stops	− 240 min	
❏ verringerte Arbeitsgeschwindigkeit	− 75 min	
Nutzbare Betriebszeit	= 435 min	
❏ Prozeßfehler (6 Teile) (entspricht 6 Teile x 1,5 min)	− 9 min	
Nettoproduktivzeit	= 426 min	

$$\text{Nutzungsgrad (\%)} = \frac{(\text{gesamte Verfügbarkeit (min)} - \text{geplante Standzeit (min)}) \times 100}{\text{gesamte Verfügbarkeit (min)}} = \frac{(1.440 - 570) \times 100}{1.440} = 60{,}4\%$$

$$\text{geplante Verfügbarkeit (\%)} = \frac{(\text{Laufzeit (min)} - \text{Rüstzeit (min)}) \times 100}{\text{Laufzeit (min)}} = \frac{(870 - 70) \times 100}{870} = 92{,}0\%$$

(Nutzbarkeit = 86,2%)

$$\text{Produktionsbereitschaft (\%)} = \frac{(\text{Betriebszeit (min)} - \text{Standzeit (min)}) \times 100}{\text{Betriebszeit (min)}} = \frac{(800 - 50) \times 100}{800} = 93{,}7\%$$

$$\text{Leistungseffizienz (\%)} = \frac{(\text{theoretische Taktzeit (min)} \times \text{Anzahl Teile (min)}) \times 100}{\text{Nettobetriebszeit}} = \frac{(1{,}5 \times 290) \times 100}{750} = 58{,}0\%$$

oder

$$\frac{(\text{Nettobetriebszeit (min)} - \text{Zeitverlust (min)}) \times 100}{\text{Nettobetriebszeit (min)}} = \frac{(750 - 315) \times 100}{750} = 58{,}0\%$$

$$\text{Qualitätsrate (\%)} = \frac{(\text{Anzahl der produzierten Teile} - \text{Verwürfe}) \times 100}{\text{Anzahl der produzierten Teile}} = \frac{(290 - 6) \times 100}{290} = 97{,}9\%$$

oder

$$\frac{(\text{nutzbare Betriebszeit} - \text{Zeitverlust durch Defekte}) \times 100}{\text{nutzbare Betriebszeit}} = \frac{(435 - 9) \times 100}{435} = 97{,}9\%$$

Abbildung 10

dies oft die *einzige* Zahl, die dem Fabrikmanager gemeldet wird, was einen völlig falschen Eindruck von der realen Situation der Produktionseinrichtungen vermittelt, da hier nur eine einzige Verlustart berücksichtigt wird.

Fabrik- und Produktionsmanager sind deshalb oft völlig verblüfft, wenn sie die wirklichen OEE-Zahlen nach einer TPM-Machbarkeitsanalyse erfahren. Die Zeit der Betriebsbereitschaft ist ein Teil, aus dem sich die Anlagenverfügbarkeit zusammensetzt. Die *Verfügbarkeit* der Anlage ist das Produkt aus geplanter Verfügbarkeit (92,0 Prozent) und der Zeit der Betriebsbereitschaft (93,7 Prozent), Ergebnis 86,2 Prozent! Sie erhalten dasselbe Ergebnis, wenn Sie die Betriebszeit (750 Minuten) durch die Laufzeit (870 Minuten) in Prozent ausdrücken.

Als nächstes berechnen wir den Index für die Leistungseffizienz. Wir beginnen mit der Nettobetriebszeit, woraus wir zunächst die Leerlaufzeit und die Zeit für kurze Ausfälle (insgesamt 240 Minuten) ableiten können, dann die Einbußen durch Minderung der Arbeitsgeschwindigkeit. Diese versteckten Verluste werden gewöhnlich weder gemessen noch berichtet, da die Anlagen ja nicht stillstehen. Normalerweise wird das Bedienungspersonal aktiv, wenn es darum geht, eine Maschine wieder in Gang zu setzen, oder die Maschine startet selbsttätig wieder. Dabei bilden gerade diese versteckten Verluste, so hat man herausgefunden, bei weitem den größten Anteil aller Verluste!

Ähnlich ist die Situation bei der Minderung der Arbeitsgeschwindigkeit. Häufig wird die Arbeitsgeschwindigkeit einer Maschine, deren Zustand sich langsam verschlechtert, verringert, um Teiletoleranzen noch berücksichtigen zu können, oder die Maschine ist einfach nicht mehr in der Lage, schneller zu laufen. Normalerweise schleichen sich diese Geschwindigkeitsverluste allmählich ein, und niemand bemerkt sie außer dem Bedienungspersonal selbst, woraus der zweite »versteckte Verlust« folgt. Darüber hinaus werden Verluste in der Arbeitsgeschwindigkeit selten gemessen. Oft sind die theoretische Taktzeit oder die Sollarbeitsgeschwindigkeit nicht einmal bekannt.

Um nun die Leistungseffizienz zu berechnen, leitet man den Zeitverlust durch Leerlauf und kleinere Ausfälle sowie die Verluste in der Arbeitsgeschwindigkeit (der Geschwindigkeitsverlust muß hierzu noch von Prozent in Minuten umgerechnet werden) aus der Nettobetriebszeit ab und vergleicht das Ergebnis der resultierenden Betriebszeit mit der Nettobetriebszeit (58,0 Prozent).

Eine andere Formel (nach Nakajima) ist die theoretische Taktzeit multipliziert mit der Anzahl von Teilen, die während der Nettobetriebszeit produziert werden. Es hat sich herausgestellt, daß diese Formel oft schwierig anzuwenden ist. Manchmal ist die theoretische Taktzeit unbekannt oder es laufen verschiedene Produkte mit unterschiedlicher Taktzeit auf derselben Maschine, was wiederum die Anwendung der Formel erschwert. Die Verlustzeit in Minuten während des Beobachtungszeitraums in der Formel anzuwenden, ist erheblich einfacher.

Die letzte Berechnung dient der Bestimmung der *Qualitätsrate*. Der Zeitverlust aufgrund defekter oder zu überarbeitender Teile wird aus der nutzbaren Betriebszeit abgeleitet und ergibt die Nettoproduktivzeit. Dieses Ergebnis wird dann mit der nutzbaren Betriebszeit verglichen und ergibt die Qualitätsrate (97,9 Prozent).

Der Vorteil dieses Verfahrens liegt darin, daß für alle Berechnungen nur eine Maßeinheit (Minuten) verwendet wird, was zum Beispiel die Programmierung eines Computers, der dann alle Berechnungen schnell ausführen kann, sehr erleichtert. Die andere Formel verwendet die Anzahl der Verwürfe und den resultierenden Nettobetrag guter Teile, vergleicht diese mit der Gesamtzahl der produzierten Teile und ergibt schließlich das gleiche Resultat.

Woher kommen nun obige Zahlen? Ein Team von Mitarbeitern muß sie durch Beobachtung ermitteln, und zwar im Rahmen der Machbarkeitsstudie, dem ersten Schritt, bevor Sie TPM in Ihrer Fabrik installieren können. Die Verwendung mechanischer oder mit Computerunterstützung gewonnener Meßergebnisse ist nicht ratsam, da es sehr schwierig wird, die exakten Verlustdaten hierbei herauszuarbeiten.

Die Beobachter müssen sich eben auf solche Dinge wie die Einrichtzeit, Justierung, Maschinenversagen, Leerlauf und kleinere Unterbrechungen konzentrieren. Die Qualitätsrate wird dabei gewöhnlich durch den Vergleich der Anzahl der Verwürfe mit der Gesamtzahl der produzierten Teile bestimmt. Verluste durch Verringerung der Arbeitsgeschwindigkeit der Maschine werden oft in Prozent der optimalen Arbeitsgeschwindigkeit ausgedrückt.

Aus dieser Kontrollbeobachtung ergibt sich ein roter Faden durch die aktuelle, gegebene Effektivität Ihrer Anlagen. Weitere Daten können die Beobachtung noch ergänzen. Diese Analyse wird auch diejenigen Bereiche herausarbeiten, in denen die größten Probleme und damit die größten Verbesserungspotentiale liegen. Das verschafft Ihnen die Möglichkeit, Ihre Anstrengungen auf diejenigen Verbesserungen zu konzentrieren, die Ihnen den größten betrieblichen Nutzen verschaffen.

Die Anwendung der Formeln

Jetzt sind Sie in der Lage, die ermittelten Zahlen in den drei Formeln zur Anlageneffektivität anzuwenden (Abb. 11). Das Fabrikmanagement sollte seine TPM-Ziele konform zu diesen Ergebnissen formulieren.

Um die totale effektive Anlagenproduktivität (TEEP = Total Effektive Equipment Productivity) in unserem Beispiel zu bestimmen, multipliziert man die Anlagennutzung (60,4 Prozent) mit der Anlagenverfügbarkeit (86,2 Prozent), mit der Leistungseffizienz (58,0 Prozent) und mit der Qualitätsrate (97,9 Prozent) und erhält nur 29,6 Prozent! Dasselbe Ergebnis ergibt sich, wenn man die Nettoproduktivzeit (426 Minuten) in Prozent der Gesamtverfügbareit (1.440 Minuten) ausdrückt. Letzteres kann man als den Nettozeitbetrag (in Prozent) verstehen, in dem die Anlage *tatsächlich* gute Teile produziert.

OEE berechnet sich genauso. Nur wird hier die Anlagennutzung nicht berücksichtigt. Es ergeben sich somit 49,0 Prozent für OEE. Diese Zahl repräsentiert den Wirkungsgrad der Anlagen während der Betriebszeit. Dieselbe Zahl erhält man, wenn man die Nettoproduktivzeit (426 Minuten) in Prozent der Laufzeit (870 Minuten) ausdrückt.

Die Netto-Anlageneffektivität (NEE) wiederum schließt die Einrichtungszeiten aus. Man multipliziere die Zeit der Betriebsbereitschaft (93,7 Prozent) mit der Leistungseffizienz und der Qualitätsrate. Das spiegelt die wirkliche Qualität Ihrer Produktionseinrichtungen wider (53,2 Prozent).

Unglücklicherweise sind die Zahlen in diesem Beipiel in den meisten Produktionsanlagen sehr realitätsnahe. Sogar in relativ neuen Fabriken! In den meisten Fällen erreicht man nicht im entferntesten, was die Anlagen leisten könnten.

Anlagenproduktivitäts- und Leistungsberechnungen

TEEP (Totale Effektive Anlagenproduktivität):

= Nutzung x Verfügbarkeit x Leistungseffizienz x Qualitätsrate
= 60,4 Prozent x 86,2 Prozent x 58,0 Prozent x 97,9 Prozent x 100
= 29,6 Prozent

> oder
> (426:1.440) x 100 = 29,6 Prozent

OEE (Brutto-Anlageneffektivität):

= Verfügbarkeit x Leistungseffizienz x Qualitätsrate
= 86,2 Prozent x 58,0 Prozent x 97,9 Prozent x 100 = 49,0 Prozent

> oder
> (426:870) x 100 = 49,0 Prozent

NEE (Netto-Anlageneffektivität):

= Zeit d. Betriebsbereitschaft x Leistungseffizienz x Qualitätsrate
= 93,7 Prozent x 58,0 Prozent x 97,9 Prozent x 100 = 53,2 Prozent

> oder
> (426:800) x 100 = 53,2 Prozent

Abbildung 11

Basierend auf den Zahlen für die eigene Fabrik, hat man nun die Wahl. Viele Unternehmen planen eine dritte Schicht ein, um den Ausstoß zu erhöhen. Das erhöht den Nutzungsgrad in der Formel von 60 Prozent auf 90 Prozent. Aber es gibt noch eine andere Möglichkeit. Neue Mitarbeiter einzustellen, die dann die dritte Schicht besetzen, ist ein sehr teurer Weg, und dabei hat man immer noch nicht die Standzeit für seine geplante Instandhaltung eingeplant. Statt dessen kann man sich darauf konzentrieren, die Anlageneffektivität (OEE) von 49 Prozent auf etwa 75 Prozent zu erhöhen. Unter dieser Voraussetzung erreicht man mit zwei Schichten das gleiche (50 Prozent Ausstoßerhöhung) wie mit drei – zu weitaus weniger Kosten!

TPM ist ein datenorientierter Ansatz. Managen Sie Ihre Anlagen und Ihre Verbesserungsaktivitäten aufgrund der Daten, die aus der Machbarkeitsanalyse und späteren Nachmessungen hervorgegangen sind! Es ist wichtig, eine Grundlinie zu haben, mit der man stets die Verbesserungsmöglichkeiten vergleichen kann. Wenn man die Formeln für TEEP, OEE und NEE verwendet bekommt man diejenigen Zahlen, die das Management der Produktionsanlagen und des Betriebs ermöglichen. Man sollte seine Messungen fortsetzen, so daß man stets die Fortschritte mit der Situation zum Startzeitpunkt des Projekts vergleichen kann.

Die OEE-Ziele

Was sollte ein gutes TPM-Programm leisten? Viele Weltklasseunternehmen erreichen 85 Prozent Gesamtanlageneffektivität nach einer erfolgreichen TPM-Installation (Abb. 12). Die *Anlagenverfügbarkeit* sollte bei 90 Prozent liegen. Wenn wir das vorige Beispiel verwenden, erfordert dieser Prozentsatz lediglich eine Steigerung von 4 Prozent. Die *Qualitätsrate*

**Der kumulative (kubische) Effekt
von TPM auf die Anlageneffektivität**

OEE vor TPM	+ TPM =	OEE nach TPM

86,2% Verfügbarkeit

x

58,0% Leistungseffizienz

x

97,9% Qualitätsrate

=

49,0% OEE

> 90% Verfügbarkeit

x

>95% Leistungseffizienz

x

>99% Qualitätsrate

=

85% OEE

Abbildung 12

sollte bis auf 99 Prozent erhöht werden, ungefähr ein Prozent oberhalb des dargestellten Beispiels. Die *Leistungseffizienz* muß aber von 58 Prozent auf über 95 Prozent gesteigert werden. Offensichtlich gibt es hier eine große Verbesserungschance. Und was drückt die Leistungseffizienz nach unten? Leerlauf, kurze Stops und die Minderung der Arbeitsgeschwindigkeit – die versteckten Verluste! Typischerweise liegt die Ursache für eine Ineffizienz der Anlagen in diesen Bereichen. Wenn Sie diese Faktoren untersuchen, werden Sie eine Menge Überraschungen erleben. Aber hier haben wir den Bereich mit dem größten Potential für Produktivitätsgewinne.

Ein neues OEE von 85 Prozent bedeutet eine Steigerung der Produktivität um 73,5 Prozent, wenn man das obige Beispiel als Grundlage nimmt. Ein Ergebnis dieser Größenordnung läßt sich in der Regel nicht für eine ganze Fabrik verwirklichen. Man kann so etwas nur mit einigen Maschinen erreichen. Allerdings wurde von manchen Unternehmen, die TPM erfolgreich betreiben, eine Steigerung der Produktivität um 50 Prozent gemeldet. Erreicht wurde dies in erster Linie durch Verbesserungen in der Anlageneffizienz und durch Verringerung der Verluste durch die Einrichtung (Umrüsten und Justieren) der Anlagen.

So setzen Sie Ihre Prioritäten

Die Zahlen, die man durch die Machbarkeitsanalyse erhält, helfen, die Prioritäten für das TPM-Projekt zu setzen. Sehr wenige Unternehmen besitzen die Ressourcen, um all ihre Maschinen und *alle* Produktionslinien zur gleichen Zeit zu verbessern. Normalerweise gibt es dabei Einschränkungen durch die Personalkapazität und durch das verfügbare Budget. Es ist deshalb sehr wichtig, die Ressourcen klug einzusetzen und die *richtigen* Prioritäten zu setzen, damit man einen schnellen Rückfluß der Investitionen und einen meßbaren Anstieg des *Durchsatzes* erhält. Die hier gezeigten Berechnungen werden Ihnen helfen, die richtigen Entscheidungen zu treffen. Mit einer umsichtigen Planung erhalten Sie ein Maximum an Produktivität durch die Ressourcen, die Sie in das Programm investieren.

6
Machen Sie die TPM-Installation maßgeschneidert für Ihr Unternehmen

Die TPM-Strategie

TPM ist weit mehr als ein Programm für die Instandhaltung. Es ist ein Programm zur Verbesserung des Managements der betrieblichen Anlagen. Diese Betonung bedeutet einen großen Unterschied in der Art, wie Sie die TPM-Installation angehen.

TPEM, der Prozeß der TPM-Installation, wie er vom Internationalen TPM-Institut bevorzugt wird, wird von den Mitarbeitern leichter akzeptiert, wenn man ihn als Anlagenmanagement einführt. Wenn man sagt, man wolle ein Programm zur Instandhaltung installieren, wird die Fertigung wahrscheinlich nicht so interessiert sein, und die Instandhaltungsabteilung wird sich darüber beschweren, daß Sie sich in ihre Angelegenheiten einmischen.

Andererseits befaßt sich jeder mit Anlagenmanagement. Das Bedienungspersonal, das Wartungspersonal, die Konstrukteure, die Vorarbeiter und das Management, alle managen Anlagen. Auf diese Weise erreichen Sie, daß sich jeder mit Anlagenmanagement und dem Instandhaltungsprogramm befaßt.

Bausteine von TPEM

TPEM
Totales Management der Produktionseinrichtungen

TPM-AM
»**Autonome Instandhaltung**«
– Selbständige Teams
– Beteiligung der Mitarbeiter
– Verbesserung der Fähigkeiten
– Totales Engagement der Mitarbeiter

TPM-PM
»**Totale vorbeugende Instandhaltung**«
– PM durch Bedienungspersonal
– Anlageninspektion
– Vorausschauende Instandhaltung

TPM-EM
»**Totales Anlagenmanagement**«
– Anlagenverbesserung
– Anlagenleistung
– Verlustanalyse
– CATS (Arbeitskreise für die kontinuierliche Verbesserung

Abbildung 13

Die Bausteine von TPEM

Die Bausteine von TPEM heißen TPM-AM, TPM-PM und TPM-EM (Abb. 13). Wenn man seine aktuelle OEE analysiert und die Ziele gesetzt hat, so ist man in der Lage, diese Werkzeuge in der richtigen Weise und Reihenfolge anzuwenden, um die betrieblichen Anlagen zu verbessern und zu managen.

Bevor wir uns mit diesen drei Bausteinen in eigenen Kapiteln detaillierter befassen, verschaffen wir uns hier einen grundlegenden Überblick. Dies hilft, die verfügbaren Möglichkeiten zu verstehen und erleichtert die Entwicklung eines individuell ausgelegten TPM-Plans.

Autonome Instandhaltung und der kleine Unterschied zu Japan

TPM-AM (autonome Instandhaltung) unterscheidet sich gewöhnlich von der japanischen Variante, und zwar insbesondere dadurch, daß in TPEM jede Fabrik dazu ermutigt wird, ihren eigenen funktionierenden Ansatz für die autonome Instandhaltung zu entwickeln. Die Betonung liegt auf der *Teilnahme* des Bedienungspersonals in der Durchführung der Anlageninstandhaltung (speziell mit PM), den Inspektionen und schließlich in der einigermaßen selbständigen Durchführung ganz bestimmter Wartungsaktivitäten. Es bedeutet *nicht* die autonome Durchführung der Instandhaltung durch die Betriebsabteilung (nicht einmal in Japan).

Während der Installation der autonomen Instandhaltung, die übrigens unter TPEM *nicht* unbedingt zuerst erfolgen muß, wird das Maschinenpersonal darin geschult, diejenigen Wartungs- und Inspektionsarbeiten durchzuführen, für die sie motiviert und geeignet sind. Schulung und Know-how-Transfer sind daher ein Gütezeichen der autonomen Instandhaltung. Wie die Abbildung 14 zeigt, gibt es für die Schulung des Bedienungspersonals unter TPEM verschiedene Stufen.

Der Maschinenwerker ohne Schulung, ohne Identifizierung mit der Anlage und ohne den Bedarf an Instandhaltungskenntnissen wird in den meisten »Weltklasseunternehmen« rund um die Welt zum Relikt der Vergangenheit. Aus diesem Grund sollte das *gesamte* Bedienungspersonal eine Schulung erhalten, um sich grundliegende Anlagenkenntnisse und Wartungsfähigkeiten anzueignen. Dieses Niveau des Bedienungspersonals kann man technisches Bedienungspersonal 1 (TO/1) nennen, was etwa mit einer Qualifikation auf dem Niveau einer weiterführenden Schule vergleichbar wäre. Offensichtlich muß jeder Produktionsbetrieb selbst ermitteln, was in das Schulungsprogramm mit einbezogen werden soll und seinen eigenen Schulungs- und Zeitplan entwickeln.

Die nächste Stufe des Trainings ist das »spezifische Training«. Die *meisten* Anlagenbediener sollten diese Stufe unbedingt durchlaufen. Es vermittelt spezielle Kenntnisse und spezifische Instandhaltungsfähigkeiten zu ihren Maschinen. Wie zuvor müssen auch hier der Trainingsinhalt, der Plan und der Zeitablauf erarbeitet werden. Bedienungspersonal, daß dieses Niveau erreicht hat, kann TO/2 genannt werden und sollte auch für eine höhere Gehaltsstufe nach der Devise »zahlen für Know-how« qualifiziert sein. Es empfiehlt sich, die Mitarbeiter für jede Qualifikationsstufe zu zertifizieren.

Die höchste Stufe der Schulung ist die Fortgeschrittenenstufe. Hierfür sind nur *einige wenige* Mitarbeiter qualifiziert. Sie werden die Spezialisten und erhalten höchstmögliche Anlagenkenntnisse und Wartungsfähigkeiten. Sie können die

Bedienerschulung im Rahmen des TPM-AM

Mögliche Bezeichnung	Beteiligtes Bedienungspersonal		Kenntnisstand und Qualifikation	Vergleichbar mit
TO/3	einige	Fortge-schrittenes Training	gehobene Anlagenkenntnisse gehobene Instandhaltungsfähigkeiten	Hochschul-absolvent
TO/2	die meisten	Spezifisches Training	spezielle Anlagenkenntnisse spezielle Instandhaltungsfähigkeiten	Gymnasium (Oberstufe)
TO/1	alle	Grundausbildung	grundlegende Anlagenkenntnisse grundlegende Instandhaltungsfähigkeiten	Grundschule
OP		Keine Schulung	keine Berührungspunkte mit den Anlagen kein Bedarf an Instandhaltungsfähigkeiten	

Aufbau eines Trainingsplans für jedes Niveau, je nach Bedarf
Aufbau eines Trainingszeitplans
Entwicklung einer Zertifizierung für jedes Niveau

Abbildung 14

Führung in Rüst- und Einstellangelegenheiten übernehmen, einschließlich der Programmierung komplexerer Anlagen.

Innerhalb von Bedienerteams gibt es nur eine Mischung von Fähigkeiten. Jeder beherrscht die Grundlagen, die einen gehen geschickt mit den Werkzeugen um, andere können Anlagenprobleme erkennen und analysieren sowie Lösungen entwickeln, wieder andere sind in der Lage, Rüst-, Einstell- und Programmierarbeiten an den Anlagen durchzuführen. Das ist die Macht des Teamworks bei TPM und führt zu weit höherer Selbständigkeit und stärkerem Engagement der Mitarbeiter im Rahmen des Anlagenmanagements.

Ein bißchen Vorbeugen ist nicht genug

TPM-PM legt den Schwerpunkt auf vorbeugende und vorausschauende Instandhaltung. Hier versagen die meisten Firmen. Eine kürzlich durchgeführte Studie ergab, daß über 95 Prozent aller westlichen Firmen PM nicht ordnungsgemäß durchführen. Sie sind hinter dem Zeitplan, verschieben oder stoppen zu viele PM-Aktivitäten, besitzen kein vollständiges Checklistensystem, keine Arbeitsanweisungen und Zeitpläne für PM und haben manchmal nicht einmal PM-Personal definiert. Darunter sind einige der bekanntesten Unternehmen in der Welt und eine Menge High-tech-Firmen, die teure Produktionsanlagen betreiben.

Warum haben die meisten Firmen rund um die Welt so viele Probleme mit PM? Es liegt hauptsächlich daran, daß sie sich darauf beschränken, Feuer zu löschen, also zu reagieren, wenn die Anlage bereits versagt hat. PM, das eigentlich für heute geplant war, wird auf morgen verschoben; es passiert ja nichts. Morgen wird es wieder genauso sein und PM fällt immer weiter zurück. Bevor Sie sich versehen, sind Sie schon im nächsten Zyklus und PM kam nie zum Zug.

Da die meisten Unternehmen so viele Probleme mit der Durchführung von PM haben, herrscht ein vitaler Bedarf an einer *alternativen Lösung*, um einen höheren Prozentsatz der notwendigen PM-Aufgaben auszuführen. Es gibt zwei Möglichkeiten: Die Wartungsabteilung kann ihr PM-System verbessern (was wahrscheinlich mit einer Personalaufstockung verbunden ist); oder das Anlagenpersonal nimmt an PM teil, reinigt und inspiziert seine Anlagen. Wenn die Mitarbeiter sich nun mehr mit ihrer Maschine befassen, fangen sie typischerweise an, nach mehr Beteiligung an den PM-Aktivitäten zu fragen. Natürlich ist das oberste Ziel die Beseitigung von Maschinenausfällen, wodurch wieder mehr freie Zeit für Aktivitäten im Rahmen der PM und für die Anlagenverbesserung freigemacht wird.

Vorausschauende Instandhaltung (PDM) ist eine andere Geschichte. Es ist nicht zu erwarten, daß das Anlagenpersonal in der Lage ist, sehr viel vorausschauende Instandhaltung durchzuführen. Es erfordert den Einsatz sehr anspruchsvoller Geräte und einen Ausbildungsstand, den die meisten Unternehmen dem Maschinenpersonal weder geben können noch wollen. Wenn man aber dem Anlagenpersonal mehr vorbeugende Instandhaltung überträgt, gewinnt das eigentliche Instandhaltungspersonal mehr Zeit für vorausschauende Instandhaltung.

Die Verbesserung Ihrer Anlagen

Die dritte Komponente ist TPM-EM, Anlagenmanagement/Anlagenverbesserung. Das Ziel ist, die Leistung und die Verfügbarkeit der Anlagen zu verbessern und damit auch die

Qualität des erzeugten Produkts durch die Verbesserung der Anlage selbst. Abhängig vom Zustand und dem Alter der Anlage, kann dies schon ein größeres und teueres Projekt sein. Aber nach aller Erfahrung ist diese Aufgabe aufgrund des hohen Kapitalrückflusses und der enormen Steigerungen der Produktivität eine *sehr wichtige und frühe TPM-Aktivität*.

Die Beteiligung des Anlagenpersonals, das die Maschinen Tag für Tag zusammen mit dem Instandhaltungspersonal, den Meistern, Ingenieuren und manchmal auch den Herstellern betreibt, an der Gruppenarbeit ist das Schlüsselelement dieser Aufgabe. Normalerweise ist das Anlagenpersonal ganz aufgeschlossen und auch motiviert, sich an EM zu beteiligen, da sie sich eine Verbesserung »ihrer« Maschine versprechen. Es ist manchmal ganz überraschend, wieviel die Arbeiter zum gesamten Prozeß beitragen.

TPM-EM erfordert beträchtliche Zeit für die Problemanalyse und für die Schulung von Problemlösungen. Aber man erhält geradezu spektakuläre Ergebnisse, wenn man so etwas sauber organisiert und handhabt. Außerdem führt der große und frühe Erfolg dieses Projekts dazu, daß sich die Mitarbeiter an den Anlagen gerne auch an anderen TPM-Aktivitäten beteiligen.

Die Strategie der TPM-Installation

Wie geht man bei der TPM-Installation nun vor? Geschehen AM, PM und EM zur selben Zeit? Was ist die richtige Reihenfolge für den guten Start einer erfolgreichen TPM-Installation? Die Antwort: Es hängt von verschiedenen Faktoren ab. Im westlichen Unternehmen ist ein häufiger Ansatz, speziell in gewerkschaftlich organisierten Fabriken, mit EM zu beginnen, dann folgen PM und schließlich AM.

Der Grund für dieses Vorgehen ist gesunder Menschenverstand. Wie vorher schon ausgeführt, hat niemand etwas gegen Anlagenmanagement. Wenn man aber mit autonomer Instandhaltung beginnt, riskiert man Widerstand, nicht nur durch das Anlagenpersonal, das zur Instandhaltung keine Beziehung besitzt und schon gar nicht zur »autonomen Instandhaltung«, sondern auch durch das Instandhaltungspersonal, das vielleicht nicht bereit ist, Kompetenzen an das Anlagenpersonal abzugeben.

Dadurch, daß sowohl Instandhaltungs- als auch Anlagenpersonal in die Gruppenbesprechungen zur Anlagenverbesserung einbezogen werden, legt man die Last auf beide Schultern. Jeder liebt es, Vorschläge zu machen und damit eine Rolle im Management zu spielen. Man kann hieraus einen Vorteil ziehen und jedermann dazu bringen, für ein gemeinsames Ziel zu arbeiten. Wenn die Mitarbeiter dann in einem Projekt als Team funktionieren, ist es viel leichter, diese neu geschaffene Zusammenarbeit auf andere Aktivitäten zu übertragen. So werden PM und AM zu einem Teil der Unternehmenskultur.

Für eine neue Fabrik kann der Schwerpunkt ein ganz anderer sein. Dort gibt es nicht unbedingt einen Bedarf an Anlagenverbesserungen in den Anfangsphasen des Werksbetriebs. Man möchte mit AM beginnen, damit das neue Anlagenpersonal gute Arbeitsgewohnheiten entwickeln kann. Hier hat man einen besonderen Vorteil, da man Anlagenproblemen vorbeugen kann, indem das Anlagenpersonal von Anfang an seine Aufmerksamkeit auf die Maschinen richtet. Richtig in einer neuen Fabrik installiert und unterstützt durch PM hält AM Ihre Anlagen in einem fast perfekten Zustand.

Es gibt noch einige andere Faktoren, die die Installation von TPM beeinflussen. Man muß *Prioritäten* und Reihenfolgen für seine TPM-Installation definieren, und zwar abhängig von den Bedürfnissen der Fabrik, den Anlagen und dem Personal. Die Machbarkeitsstudie muß zuerst durchgeführt werden, da man hier die gegebenen Werte der Anlagenleistung erhält, woraus man dann den Verbesserungsbedarf der Anlagen ableiten kann. Andere Informationen wie Qualifikation und Schulungsbedarf sind in der Planungsphase der Installation hilfreich.

Es ist auch zu entscheiden, ob man sich mehr in Richtung Kapazitätserhöhung oder mehr zur Kostensenkung entwickeln will, oder sogar beides. Auch die Notwendigkeit einer Qualitätsverbesserung kann die Projektstruktur und die Prioritäten der TPM-Installation beeinflussen.

Die Unternehmenskultur hat oft eine tragende Funktion in der TPM-Installationsstrategie. Ist das Anlagenpersonal bereit, TPM-AM zu akzeptieren und umzusetzen? Manchmal erlauben die Betriebsvereinbarungen Maschinenbedienern den Gebrauch bestimmter Werkzeuge nicht, oder nur den der einfachsten. Solch eine Situation wird die TPM-Strategie offensichtlich beeinflussen, aber sie macht TPM sicher nicht unmöglich.

Um mit TPM erfolgreich zu sein, muß man pragmatisch sein. Machen Sie das, was geht. In Ihrer Fabrik, mit Ihren Mitarbeitern, in Ihrem Umfeld. Verwenden Sie den TPM-Prozeß und seine Komponenten in der richtigen Reihenfolge, damit TPM die erwünschten Ergebnisse erbringt.

Das Topmanagement muß TPM verstehen und unterstützen. Ohne die Teilnahme des Topmanagements sind die Chancen einer erfolgreichen TPM-Installation erheblich reduziert. Das Topmanagement sollte früh eingebunden werden, Visionen entwickeln, Ziele setzen und die TPM-Strategie und -Taktik ausarbeiten.

Die Machbarkeitsstudie ist sehr wichtig für den TPM-Erfolg. Sie legt den Bezugspunkt fest und gibt die Antworten, die man für die Planung der Installation braucht. Gute Langzeitergebnisse haben ihr Fundament in einem gut durchdachten Installationsplan, der auf einer soliden Machbarkeitsanalyse und einer guten TPM-Strategie basiert.

7
Wieviel autonome Instandhaltung wird gebraucht?

Ein Schlüsselelement von TPM ist die autonome Instandhaltung. Sie kann die Ursache für einen großen Erfolg sein wie in Japan, oder ein möglicher Stolperstein, wie in vielen nichtjapanischen Unternehmen. Manchmal glauben die Manager, TPM sei ein Instrument, um autonome Instandhaltung zu erreichen. Es ist genau umgekehrt – autonome Instandhaltung ist nur eines der Elemente von TPM, wenn auch ein wichtiges. Die Unterschiede zwischen der japanischen und der nichtjapanischen Arbeitskultur machen es gewöhnlich notwendig, eine Strategie zu entwickeln, die sich vom japanischen Vorgehen nach Lehrbuch unterscheidet.

Japanische autonome Instandhaltung wird interpretiert als eine Gruppe gut ausgebildeter Arbeiter, die die ganze routinemäßige Instandhaltung ihrer Betriebsanlagen und alle Inspektionen sowie auch kleinere Reparaturen ausführen. Diese Interpretation, zusammen mit der empfohlenen Anwendung der fünf »S«: seiri, seiton, seiso, seiketsu und shitsuke (zu übersetzen etwa mit Organisation, Ordnung, Reinheit, Reinlichkeit und Disziplin) hat einigen Widerstand in den westlichen Ländern verursacht, weniger in anderen ostasiatischen Nationen.

Und werden Sie deswegen auf autonome Instandhaltung verzichten? Sicherlich nicht. Es steht zuviel auf dem Spiel. Der Nutzen der autonomen Instandhaltung ist zu vielfältig, um darauf zu verzichten. Da sind: viel besser arbeitende Betriebsanlagen, beträchtliche Reduktion der Instandhaltungskosten, viel seltener Stillstand der Betriebsanlagen, eine bestens geschulte und motivierte Belegschaft, verbesserte Produktqualität und mehr Ausstoß.

Als Folge der autonomen Instandhaltung und dem Engagement der Arbeiter für TPM sehen japanische preisgekrönte Fabriken nicht im geringsten aus wie die in westlichen Ländern. Man wird selten japanisches Instandhaltungspersonal während einer Schicht in den Fabrikhallen zu Gesicht bekommen. Es ist irgendwie beunruhigend, aber das Instandhaltungspersonal braucht nicht dort zu sein. Keine Notsituation entsteht, keine »Instandhaltung vom Dienst« muß vorhanden sein. Nichts läuft verkehrt, nichts fällt aus. Die Maschinenführer haben alles unter Kontrolle. Die Frage stellt sich nun: Welcher Typ und wieviel autonome Instandhaltung wird uns solche Ergebnisse liefern? Welche Methode sollte ich anwenden?

Maßgeschneiderte autonome Instandhaltung

Wieviel autonome Instandhaltung brauchen Sie? Die Frage sollte wirklich umgekehrt sein. Wieviel autonome Instandhaltung kann ich erhalten? Die Antwort ist, soviel wie Sie Ihre Arbeiter motivieren können zu tun. Natürlich ist mehr besser, aber in einigen Werken ist es einfach nicht möglich. Bei den meisten Installationen wird es das Ergebnis einer langen, sorgfältig geleiteten Schulungs- und Umstrukturierungsperiode sein.

Autonome Instandhaltung ist den Aufwand wert. Ihre Betriebsanlagen laufen besser, weil PM, Inspektionen und routinemäßige Instandhaltung nach Plan durchgeführt werden. Die Instandhaltungskosten sind geringer, weil viele der

Wege- und Wartezeiten, die die Fachleute protokollieren, entfallen. Wenn eine Maschine wirklich versagt, dann wird das nicht für lange sein, weil geschulte Mitarbeiter in vielen Fällen wissen, wie sie die Maschine wieder zum Laufen bringen.

Die Arbeiter sind nicht nur geschult, sondern auch hoch motiviert für die Instandhaltungsarbeit. Sie wissen, wie ihre Maschine funktioniert und wünschen, daß sie in einem Topzustand läuft. Da Sie mehr Produktionszeit für Ihre Betriebsanlagen zur Verfügung haben, wird die autonome Instandhaltung zu größerem Ausstoß und besserer Qualität, dem höchsten Ziel aller Hersteller, führen.

Grenzen erkennen

All diese enormen Vorteile werden Ihnen jedoch nicht in den Schoß fallen. Sie sollten sich der Fallstricke der autonomen Instandhaltung bewußt sein, auch wenn Sie planen, seine Vorzüge auszunutzen.

Sie müssen die Lernfähigkeit Ihrer Arbeiter feststellen. Einige werden besser zu schulen sein als andere. Wichtiger ist, daß Sie herausfinden, ob sie zum Lernen motiviert werden können, und welche Schritte Sie machen müssen, um ihren Enthusiasmus zu wecken.

Wie werden Ihre Instandhaltungsmitarbeiter auf die autonome Instandhaltung reagieren? Werden sie es als eine Bedrohung ihrer Arbeitsplätze ansehen, sich auf die Hinterbeine stellen und die Kooperation verweigern? Wie können Sie sie überzeugen, TPM zu unterstützen? Und welche Rolle wird die Instandhaltungsabteilung spielen, wenn die Arbeiter erst einmal die Routinewartung und PM übernommen haben? Die Instandhaltungsabteilung ist bei TPM nicht aus dem Geschäft, und sollte es auch nicht sein. Sie müssen planen, ihre Aktivitäten umzuleiten auf neue, anspruchsvollere Ziele, zu der Hightech-Organisation, die Ihr Werk braucht, um den neuen und komplexeren Maschinen der Zukunft gewachsen zu sein.

Schulungszeit ist ein weiterer potentieller Stolperstein. Das Ziel der Herstellung ist ein maximaler Ausstoß in jeder Schicht. Die Produktionsmanager sträuben sich oft dagegen, daß die Arbeiter den Produktionsbereich verlassen, um an der Schulung teilzunehmen. Es muß aber Zeit gefunden werden, um die Schulung durchzuführen, die für die autonome Instandhaltung benötigt wird. In einem Werk überprüfte der TPM-Manager, als Teil der Machbarkeitsstudie, alle 250 Mitarbeiter der Produktion. Er stellte fest, daß im Produktionsablauf nur zwei dieser Arbeiter so entscheidend wichtig und engagiert waren, daß sie nicht aus der Produktionsstraße genommen werden konnten. Die übrigen 248 waren für die Schulung verfügbar.

Möglicherweise werden Sie mit anderen Schulungsprogrammen, wie etwa Qualität (SPC), Just-in-time-Produktion und anderen konkurrieren. Wie können Sie es managen, daß TPM seinen Teil an dieser limitierten Ressource bekommt?

Dies sind einige der Schwierigkeiten bei der Einführung von autonomer Instandhaltung. Sie müssen entscheiden, wieviel »autonome Instandhaltung« für Sie richtig ist. Entwerfen und installieren Sie ein Programm (TPM-AM), das bei Ihnen am besten funktioniert.

Welche Aufgaben können Ihre Arbeiter tun. Können sie ihre Maschinen reinigen? In den meisten Fällen wird die Anwort »Ja« sein. Was ist mit der Schmierung der Maschinen? Sie müssen daran denken, daß sie nicht automatisch dazu in der Lage sind. Sie müssen die Schmierpresse und Ölkanne und die Schmierstellen farblich markieren. Das bedeutet Schulung. Können sie ihre Maschinen überprüfen? Wenn sie richtig eingewiesen werden, können sie es sicherlich, aber dazu ist Zeit erforderlich.

Was ist mit der Einrichtung der Betriebsanlagen, Justierungen, präventiver Instandhaltung und kleineren Reparaturen? Es wird zu einem großen Teil von ihrer Motivation abhängen, wieviel sie machen wollen, und von ihrer Fähigkeit, wieviel sie machen können. Abhängig von der Belegschaft wird die Antwort in den einzelnen Fällen variieren. Das sind realistische Einschränkungen, auf die Sie stoßen werden und Sie müssen sich deren bewußt sein.

Schulung – Der Schlüssel zum TPM-AM

Der Erfolg bei der Installation von TPM-AM in einem Betrieb hängt von der Schulung ab. Für diesen überaus wichtigen Aspekt der autonomen Instandhaltung gibt es keinen Ersatz. Weil er so lebenswichtig ist, müssen Sie beträchtliche Zeit und Mühen aufbringen, um festzulegen, wie Sie ihn anpacken. Sie benötigen zweifellos eine Übereinstimmung zwischen Instandhaltung und Produktion. Und genauso ist die Kooperation zwischen Engineering-, Schulungs- und Personalabteilung erforderlich.

Es gibt eine ganze Reihe von Fragen, die Sie vor Beginn der TPM-AM-Schulung beantworten müssen. Als erstes, wer wird die Schulung abhalten. Diese Frage könnte verschiedene Antworten haben. Gewöhnlich kommen die besten Ausbilder aus den Reihen der Instandhaltung. Diese Fachleute kennen die Betriebsanlagen und die Arbeiter. Der TPM-Stab ist eine weitere gute Quelle, abhängig von seiner Größe und den anderen Pflichten, die für ihn bestimmt sind. Sie können auch ein Mitglied der Engineering-Abteilung die Schulung machen lassen, besonders wenn der Mitarbeiter Experte auf einem bestimmten Gebiet, wie etwa der Schmierung, ist. Schichtführer oder Mitglieder der Schulungsabteilung sind weitere Möglichkeiten.

Sogar Maschinenhersteller sind häufig geeignet. Sie haben ein begründetes Interesse daran, denn wenn Sie ihr Produkt kaufen, wollen sie eine Schulung in der richtigen Bedienung ihrer Maschinen anbieten. Weiterhin können Sie auch die Tauglichkeit der lokalen Hochschulen und Handelsschulen für Schulungen überprüfen. Nur bedenken Sie, daß diese Kurse möglicherweise außer Haus stattfinden, teurer und zeitintensiver sind. Es gibt Fortbildungsunternehmen, die Hilfsmittel zur High-tech-Schulung wie interaktive Videodisks, programmierte Lehrgänge und Videobänder anbieten.

Ein Unternehmen hatte eine ungewöhnliche Lösung für ihr Ausbilderproblem. Sie holten Ruheständler auf Teilzeitbasis zurück, um den Arbeitern Instandhaltungswissen zu vermitteln. Diese Ruheständler erwiesen sich als sehr wertvolle Quelle, da sie alle viele Jahre in der Instandhaltungsabteilung oder der Fertigungsstraße gearbeitet hatten und alle Maschinen gründlich kannten. Aus diesen Möglichkeiten müssen Sie die praktikabelste für Ihre TPM-Schulung herausfinden.

**Schulung während der Arbeit
(On-the-job-Training, OJT)**

Die Schulung sollte überwiegend direkt am Arbeitsplatz erfolgen. Das geht schnell und ist der billigste Weg. Die Schulung für TPM-AM erfolgt oft in kurzen Ein-Thema-Lektionen, die jeweils nur zwanzig bis dreißig Minuten dauern. Schulungsräume werden weniger häufig benutzt, aber es mag Zeiten geben, wo Sie sich vom Lärm und der Geschäftigkeit der Fertigungsstraße entfernen und eine Leinwand oder Schreibtafeln nutzen wollen. Das Engagement eines Unternehmens für die Schulung war so groß, daß sie eine vollständige Maschine in ihrem Schulungsraum hatten. Ein kleiner Teil der Schulung, wie etwa die Teilnahme an einem Seminar oder der Besuch beim Maschinenhersteller, muß außerhalb der Werkes erfolgen.

Die Zeit, die für die Schulung zur Verfügung steht, wird entsprechend der Unternehmenspolitik und den konkurrierenden Ansprüchen anderer Programme variieren. Eine gute Richtlinie ist eine Stunde pro Woche und Arbeiter. Wenn man Ferien und Feiertage abzieht, erhält man mit diesem System ungefähr 40 Stunden TPM-Schulung pro Arbeiter im Jahr. Diese eine Stunde pro Woche erfolgt nicht auf einmal, sondern wird in zwei bis drei kürzere Unterrichte pro Woche aufgeteilt. Diese Vorgehensweise scheint die besten Ergebnisse zu liefern.

Sie sollten versuchen, die Schulung während der Arbeitszeit abzuhalten. Überstunden für Schulung sind sehr teuer und können normalerweise bei guter Kooperation und Planung vermieden werden. Die Aufgabe besteht daher darin, die Zeit für die Schulung gezielt in den regulären Arbeitsstunden zu planen.

Wer wird die Schulungszeiten planen? Das ist eine Aufgabe der TPM-Arbeitsgruppe. Sie sollte einen Plan entwerfen, der sowohl den Erfordernissen der Betriebsanlagen und Arbeitsabläufen als auch der verfügbaren Zeit und den Ressourcen Rechnung trägt. Dieser Plan sollte sorgfältig mit der Produktion koordiniert werden, um ein Minimum an Unterbrechung zu gewährleisten.

Stufen der Schulung

Wie im vorherigen Kapitel besprochen, müssen (oder können) nicht alle Arbeiter bis zum höchsten Stand ausgebildet werden. Ein gemischter Kenntnisstand innerhalb einer TPM-Kleingruppe ist vollkommen in Ordnung. Entwickeln Sie einen speziellen Ausbildungsplan für den elementaren, speziellen und fortgeschrittenen Ausbildungsgrad (Abb. 14). Passen Sie den Plan den Erfordernissen Ihres Betriebs, der Betriebsanlagen und den Aufgaben der Arbeiter an den Maschinen an. Der vorhandene Kenntnisstand sollte beim Entwickeln des Ausbildungsplans berücksichtigt werden (Abb. 15). Schließlich sollten Sie den Ausbildungsgrad mit dem zuvor diskutierten TO/1-, 2- und 3-Grad der Arbeiter korrelieren können. TO/1 könnte den Kenntnisstand 1 und 2 umfassen, TO/2 schließt den Kenntnisstand 3 und 4 ein und der höchste Grad TO/3 besteht aus der Belegschaft mit dem Kenntnisstand 5.

Die Kosten von TPM-AM

Wenn Sie keine umfassenden Verbesserungen der Betriebsanlagen vornehmen, werden die Schulungskosten vermutlich Ihre größten Ausgaben bei der Installation von TPM sein. Das ist der Grund, warum Sie sorgfältig planen müssen, wie die Schulung durchgeführt werden soll. Wenn Sie eine Stunde pro Arbeiter und Woche einplanen, kennen Sie die Personalkosten. Hierzu müssen Sie Ausgaben für Schulungsmaterial hinzuaddieren.

Stellen Sie vor diesem Schritt fest, welches Schulungsmaterial möglicherweise bei anderen Betrieben Ihrer Gesellschaft erhältlich ist. In einem multinationalen Unternehmen mit zehn Niederlassungen wurde ein Meeting abgehalten, um TPM zu

TPM	Übersicht der Qualifikationsstufen des Bedienungspersonals	Datum:____
Geschicklichkeitsstufe	Beschreibungen/Attribute/Bemerkungen	
1	In Ausbildung, im wesentlichen ohne Qualifikation; lernt gerade, wie die Anlage zu bedienen ist; ohne Selbstvertrauen, benötigt nahezu ständige Kontrolle; möglicherweise nicht lernfähig.	
2	Kann die Anlage bedienen. Kennt den Ablauf grundsätzlich. Braucht gelegentlich Hilfe. Kennt die Anlage nicht sehr gut, erkennt selten Fehlfunktionen der Anlage oder Qualitätsprobleme.	
3	Bedient die Anlage selbstbewußt und braucht wenig Hilfe. Erkennt Fehlfunktionen und Qualitätsprobleme, kann sie aber nicht beheben.	
4	Kennt die Anlage sehr gut und bedient sie mit hoher Sicherheit. Benötigt keine Kontrolle. Versteht den Zusammenhang zwischen Anlagenleistung und Qualität/Produktivität. Erkennt Anlagenfehlfunktionen und kann sie beheben und die Einstellung ändern. Könnte andere beaufsichtigen.	
5	Erfahrener Mitarbeiter, der die Anlage und den Prozeßablauf sehr gut kennt. Kontrolliert und schult andere. Achtet sehr auf Fehlfunktionen der Anlage, sogar bevor sie eintreten. Führt Korrekturen und Einstellungen aus, inspiziert die Anlage und führt kleinere Reparaturen aus. Achtet sehr auf den Anlagenzustand und die Qualität sowie die Zusammenhänge mit der Produktivität. Ist ein potentieller Meister bzw. Gruppenleiter.	

Bestätigt durch: Betriebsrat: _____

Produktion: _____

Instandhaltung/TPM: _____

© 1992 International TPM Institute

Abbildung 15

diskutieren. Als man begann, über die Schulung zu sprechen, sagte ein Manager, daß er einen Schulungskurs mit interaktiven Videodisketten für 16.000 Dollar anschaffen wolle. Ein Manager aus einer anderen Niederlassung sagte: »Tun Sie das nicht, ich habe dasselbe Programm in meinem Büro. Wir sind fertig damit, Sie können es haben.« Diese Bemerkung öffnete alle Schleusen. Andere Manager teilten sich das Material, das sie hatten, und am Ende des Meetings besaß das Unternehmen einen großen Prozentsatz des benötigten Schulungsmaterials ohne zusätzliche Ausgaben.

Diese Geschichte steht im Kontrast zu einem internationalen Elektronikunternehmen, bei dem in ungefähr sechs Niederlassungen unabhängig voneinander ähnliches Schulungsmaterial entwickelt wurde. Das ist das Sechsfache von dem, was es hätte kosten sollen. Es ist gewöhnlich auch viel billiger, Schulungsmaterial übersetzen zu lassen, als neu zu entwickeln.

Zertifizierung

Ein weiterer Bestandteil der Schulung ist die Zertifizierung der Mitarbeiter. Wenn die Mitarbeiter sich von einem Kenntnisstand zum nächsten verbessern, dann sollte dieser Fortschritt dokumentiert werden. Dadurch erhalten Sie eine sehr gute Vorstellung von der Qualifikation Ihrer Arbeiter.

Abbildung 15 zeigt eine tabellarische Darstellung der Qualifikationen, anhand derer man die von jedem Arbeiter erlangten Fähigkeiten einschätzen kann. Während der Schulungsphase sollte diese Tabelle um speziellere Schulungsziele erweitert werden.

Nach Abschluß aller Kurse, die für eine bestimmte Qualifikation oder einen Grad benötigt werden, sollte jeder Maschinenführer geprüft werden oder einen Abschlußtest machen, auch über die praktische Umsetzung der gelernten Aufgaben an den Betriebsanlagen. Darüber sollte er ein Zertifikat erhalten. Für jede Gruppe, Abteilung oder für den ganzen Betrieb kann eine grafische Darstellung der durchschnittlichen Arbeiterqualifikationen erstellt werden, um die Fortschritte seit Beginn der Schulung zu dokumentieren (Abb. 16).

Das Konzept »Meine Maschine«

Ein wichtiger Aspekt für den Erfolg der autonomen Instandhaltung ist das Vermitteln von Anreizen, um das TPM-AM-Programm voranzutreiben. Bedenken Sie, daß Sie Ihre Maschinenführer motivieren wollen, daß Sie ihnen ein Gefühl von Stolz auf das Wissen, wie auf ihre Maschine aufzupassen ist, einflößen wollen. Das Konzept »Meine Maschine« ist wesentlich für TPM-AM. Der Mitarbeiter war vielleicht beim Verbessern seiner Maschinen während TPM-EM engagiert und beginnt gerade, sich am PM »seiner« Maschinen zu beteiligen. Die Betriebsanlagen, die ihm »gehören« sehen besser aus und funktionieren besser, und er entwickelt einen Grad von Stolz. Jetzt heißt es, die Maschine weiter zu verbessern und zu pflegen. Einige Arbeitsgruppen kleben ihren Namen, manchmal sogar ihre Bilder, auf ihre Maschine, um ihre »Besitzerschaft« anzuzeigen. Diese Aktion sollte vom Management als ein vorzügliches Motivationswerkzeug unterstützt, oder sogar initiiert werden. Wenn die Maschinenführer erst einmal die »Besitzerschaft« angenommen haben, werden Sie eine deutliche Änderung der Einstellung feststellen.

Ein Werk stellte eine große Tafel auf, mit den Namen aller Maschinenführer auf der vertikalen Achse und den verschiedenen Lehrgangstypen auf der horizontalen Achse. Wenn ein Maschinenführer ein Zertifikat für einen Lehrgangstyp er-

Mittlere Qualifikation des Bedienungspersonals
(Werk, Abteilung oder Gruppe)

- 12/31: 2,4
- 3/31: 2,45 — TPM-Personal, das mit dem Training begonnen hat
- 6/30: 2,75
- 9/30: 3,3
- 12/31: 3,6
- 3/30: 3,95
- 6/30: 3,25
- 6/30: 4,25 — ausschließlich neu eingestellte Mitarbeiter

Abbildung 16

halten hatte, bekam er oder sie eine glänzende metallische Scheibe an der Tafel. Diese Darstellung diente als eine Bestandsaufnahme der Fertigkeiten und als ein Maßstab für den Fortschritt jedes Mitarbeiters und der Arbeitsgruppen, deutlich sichtbar für jeden im Betrieb.

Es gibt natürlich viele andere Möglichkeiten, um den »esprit de corps«, der für TPM-AM so notwendig ist, aufzubauen. Sie werden sicherlich Ihre eigenen kreativen Möglichkeiten zur Motivation Ihrer Mitarbeiter entwickeln. Das Wichtige, was man bedenken muß, ist, daß diese Motivation, dieser Stolz auf die Fähigkeiten und den Besitz der Maschinen, ein wesentlicher Bestandteil von TPM-AM ist. Die Installation wird ohne diese Punkte nicht so erfolgreich sein.

TPM-AM ist ein ausgezeichnetes Mittel, um die Kosten zu senken und die Produktivität zu verbessern. Das Verteilen der Verantwortung auf Teams funktioniert. Es bedarf aber einer sorgfältigen Planung, eines entschlossenen Engagements für die richtige Schulung und wohlmotivierter Arbeiter, die wollen, daß ihre Maschinen mit höchster Effizienz laufen.

8
Entwurf und Installation eines effektiven PM-Programmes

Die meisten Unternehmen rund um die Welt machen kein gutes PM. Wenn es von derselben Abteilung durchgeführt wird, die auch für Krisensituationen (Reparatur bei Versagen) verantwortlich ist, dann scheint PM immer zu kurz zu kommen. PM ist jedoch *absolut grundlegend* dafür, daß die Betriebsanlagen in einem Topzustand gehalten werden.

Es muß daher eine Möglichkeit gefunden werden, wie Ihr Unternehmen das gesamte notwendige PM zum fälligen und geplanten Zeitpunkt durchführt. Es ist naheliegend, daß Sie beim TPM von Ihren Maschinenführern eine Beteiligung an diesen Bemühungen erwarten.

Bevor Sie beginnen, Ihre Arbeiter zu schulen und einzuspannen, müssen Sie erst feststellen, welche Art von PM Ihr Betrieb durchführt (oder braucht) und einige Definitionen festsetzen.

Verschiedene Typen von PM könnten sein:

❏ Routinemäßige (und sich häufig wiederholende) PM

❏ umfangreichere PM

❏ Überholung der Betriebsanlagen

❏ vorausschauende Instandhaltung (PDM)

Eine weitere, für TPM sehr nützliche Methode, ist, die geeignete PM-Arbeit in zwei Kategorien einzuteilen:

Typ I:
PM-Arbeit, die von den Maschinenführern jetzt oder später nach einer Schulung gemacht werden kann.

Typ II:
PM-Arbeit, die die Fähigkeiten eines Instandhaltungsfachmannes verlangt.

Diese Einteilung der PM-Arbeit hilft bei der Planung und Ausführung von TPM-PM. Es ist offensichtlich, daß routinemäßige und häufig wiederholte PM gewöhnlich zum Typ I gehört.

Es ist auch notwendig, PM genau zu *definieren*, weil sehr häufig Unklarheit darüber herrscht, was genau PM ist. Die Meinungen reichen von kurzen PMs im »Vorübergehen« bis zu allem (einschließlich größeren Umbauten), was dazu beiträgt, Maschinenschäden zu vermeiden. Jeder hat recht, aber es ist hilfreich, die verschiedenen *Typen* von PM zu definieren, weil der Zeitbedarf und die Fähigkeiten, die für jeden Typ benötigt werden, sehr unterschiedlich sind.

Die Arten von PM

Routinemäßige PM könnte definiert werden als das systematische

❏ Reinigen

❏ Schmieren

❏ Inspizieren

❏ Testen

❏ Justieren, Festmachen

❏ Durchführen des Service

❏ Erledigen von kleineren Reparaturen

um die Betriebsanlagen im perfekten Betriebszustand zu halten.

Alle diese Aktivitäten sind wahrscheinliche Kandidaten für Typ I (vom Maschinenführer durchgeführte) PM. Jede Aufgabe erfordert normalerweise nur wenige Minuten und die Wegezeit für das Instandhaltungspersonal übertrifft gewöhnlich die tatsächliche Arbeitszeit an den Maschinen. Die Betonung liegt hier auf *systematisch*, was bedeutet, daß es gewöhnlich eine festgelegte Anzahl von Aufgaben für tägliche, wöchentliche oder monatliche PM gibt, die auf dieselbe Weise zu vorbestimmten, wiederholten Zeiten durchgeführt werden.

Umfangreichere PM schließt gewöhnlich ein:

❏ teilweise Demontage der Betriebsanlagen

❏ Gebrauch von verschiedenen Werkzeugen

❏ Ersatz von zahlreichen Teilen oder Komponenten

❏ höhere Qualifikation

❏ viel mehr Zeit als bei routinemäßiger Instandhaltung

❏ Einbeziehen der Planer der Instandhaltung

❏ Einplanen der Betriebsanlagen für geplanten Stillstand

❏ Testlauf der Betriebsanlagen

Wenn wir diese Definition akzeptieren, dann ist offensichtlich, daß diese Aktivitäten mehr PM-Arbeit vom Typ II entsprechen. Die Maschinen werden jedoch normalerweise nicht aus den Werkshallen entfernt und die Beteiligung der Maschinenführer an der umfangreichen PM ist von Vorteil (was für eine vorzügliche Möglichkeit, mehr über »meine Maschine« zu erfahren). *Dies als Anregungen für Ihre TPM-PM-Planung!*

Überholung (Umbau) der Betriebsanlagen schließt gewöhnlich ein:

- Transport aus den Werkshallen
- völlige Demontage der Betriebsanlagen
- Überholen oder Ersatz vieler Teile, Komponenten oder Systeme
- viele Werkzeuge, einschließlich maschineller Werkzeuge
- Aufwerten der Maschinen
- hohe Qualifikation
- Neulackierung der Maschinen
- Beteiligung der Hersteller
- neue Kalibrierung
- Testlauf
- erneute Installation in Werkshallen
- größerer Zeitbedarf
- Beteiligung von Instandhaltungsplanung und -disposition

Es ist ziemlich deutlich, daß diese PM-Arbeit zum Typ II gehört (wenn Sie das überhaupt als PM akzeptieren).

Vorausschauende Instandhaltung (Predictive Maintenance, PDM) wird häufig getrennt von PM durchgeführt, insbesondere, wenn es vom Engineering gemacht wird. Es dient jedoch demselben Zweck wie PM:

Maschinenversagen sollen durch die *Vorhersage,* wann bestimmte Komponenten, wie etwa Lager, Getriebe oder Elektromotoren zu versagen drohen, vermieden werden.

Vorausschauende Instandhaltung beinhaltet:

❏ Vibrationsanalyse

❏ Megohmmetertesten

❏ spektrographische Ölanalyse

❏ thermographische Analyse

❏ Infrarottesten

❏ nichtdestruktives Testen

❏ teuere Test- und Aufzeichnungsgeräte

❏ Computereinsatz für Analyse und Vorausschau

Diese Klasse von Instandhaltungsarbeiten erweitert offensichtlich die historische Definition von PM, sowohl von Typ I als auch von Typ II. Bei der Planung von TPM-PM sollten Sie jedoch ernsthaft überlegen, welche Aktivitäten (und sei es nur das Ablesen von Instrumenten) PM-Arbeit vom Typ II oder sogar Typ I sein könnte.

Es gibt TPM-Unternehmen, bei denen die *Maschinenführer* Vibrationsaufzeichnungen von in die Maschinen eingebauten Computerbildschirmen ablesen und interpretieren. Es gibt viele andere Unternehmen, in denen die aus Instandhaltungspersonal bestehende PM-Arbeitsgruppe alle vorausschauenden Instandhaltungsaufgaben durchführt.

PM-Strategie

Wenn erst einmal eine Einteilung in die verschiedenen Typen erfolgt und akzeptiert worden ist, können Sie mit der Planung von TPM-PM beginnen. Das Ziel ist eine 100prozentige Erfüllung des PM-Zeitplans, zumindest bei Ihren kritischen Maschinen (fertiggestellte PM-Aufgaben im Vergleich zu den geplanten).

Es gibt zwei Vorgehensweisen:

1. Verbesserung des Systems, der Organisation, der Durchführung und der Kontrolle von den von der Wartungsabteilung gemachten PMs.
2. Übertragen von so vielen PM-Routinearbeiten wie möglich auf die Maschinenführer.

Bei TPM-PM sollten Sie beides tun. Die Entwicklung und Installation eines PM-Systems für die Wartung wird als erstes diskutiert.

Ein effektives PM-System

Schritt 1:
Feststellen der Betriebsanlagendaten

Schritt 2:
Bestimmen des PM-Typs und Wichtigkeit

Schritt 3:
Entwicklung von PM-Checklisten

Schritt 4:
Entwicklung von PM-Arbeitsanweisungen

Schritt 5:
Entwicklung der PM-Routen

Schritt 6:
Entwicklung von PM-Zeitplänen

Schritt 7:
Führen eines Maschinenlogbuchs

Schritt 8:
Anwenden der Strichcodetechnologie

Schritt 9:
Entwicklung eines Berichtsystems

Schritt 10:
Einführen der PM-Organisation

Schritt 1:
Feststellen der Betriebsanlagendaten

Die meisten Unternehmen haben eine im Computer gespeicherte Liste des Maschineninventars oder eine Kartei mit Maschinendaten zur Verfügung. Falls nicht, sollten Sie die Daten für alle Ihre Maschinen feststellen, einschließlich der folgenden:

❏ Typ der Maschine und Seriennummer

❏ Beschreibung und Hersteller

❏ Herstellungsdatum

❏ Namensschilddaten (Spannung, HP usw.)

❏ durchgeführte Änderungen und Verbesserungen

❏ Standort im Werk

❏ Hinweise auf Ersatzteillisten und Zeichnungen

❏ Hinweise auf Handbücher usw.

Ihr Maschinenbestand ist Ihr Startpunkt. Die meisten Hersteller von Betriebsanlagen empfehlen für ihre Maschinen Inspektions- und PM-Aufgaben in den Handbüchern der Betriebsanlagen.

Schritt 2:
Bestimmen des PM-Typs und der Dringlichkeit

Zu diesem Zeitpunkt sollten Sie einige grundlegende Entscheidungen für jede Maschine bezüglich PM treffen. Wollen Sie sie der von den Maschinenführern durchgeführten PM (Typ I) zuordnen? Vielleicht nicht sofort, sondern später. Oder ist es ein Maschinentyp, bei dem die Maschinenführer keinerlei PM durchführen? Wollen Sie diese Maschine in die vorausschauende Instandhaltung einbeziehen? Arbeiten Sie in diesem Punkt auch mit der Produktion zusammen, um festzustellen wie kritisch die Maschinen sind. Zum Beispiel:

Dringlichkeit 1:
Ein Ausfall der Maschine führt zur Stillegung des Werks oder der Bandstraße, kann eine Gefahr für die Sicherheit der Arbeiter sein oder einen Schaden in der Umwelt verursachen. Natürlich möchten Sie, daß nichts hiervon geschieht, daher Wichtigkeitsstufe 1. Es bedeutet, daß die Maschine überprüft und PM *ohne Ausnahme* nach Plan durchgeführt wird, und daß die Maschine ohne Widerspruch von der Produktion wie eingeplant zur Verfügung gestellt wird. Die Erfüllung von PM muß 100 Prozent sein.

Dringlichkeit 2:
Ein Maschinenversagen kann zu der Stillegung der Bandstraße führen, kann eine potentielle Bedrohung der Sicherheit der Arbeiter oder der Umwelt sein. Sie können es sich leisten, die Maschine für eine kurze Zeit herunterzufahren,

weil eine zusätzliche Maschine verfügbar ist. Die Erfüllung von PM muß 90 bis 100 Prozent sein. Das bedeutet, daß nicht mehr als 10 Prozent der geplanten PM-Aufgaben verschoben oder ausgelassen werden können.

Dringlichkeit 3:
Maschinen, die für den Produktionsprozeß unkritisch sind, wie etwa freistehende Maschinen, die nicht ständig in Betrieb sind oder für die ein gleichwertiger Ersatz vorhanden ist. Die Erfüllung von PM sollte 80 bis 100 Prozent sein, das heißt nicht mehr als 20 Prozent der geplanten PM-Aufgaben sollten verschoben oder abgesagt werden.

Die Dringlichkeitsstufen ermöglichen es Ihnen, die *richtige* PM durchzuführen, wenn Sie aufgrund eines zeitweisen Personalmangels oder einer Produktionskrise nicht das ganze PM durchführen können.

Nachdem Sie diese Entscheidungen bezüglich Ihrer Betriebsanlagen getroffen haben, können Sie damit anfangen, die verschiedenen Aufgaben für die PM- und PDM-Ausführung zu entwickeln.

Schritt 3:
Entwicklung von PM-Checklisten

Jede Maschine hat ihre eigene spezifische Checkliste, die in der Regel ziemlich standardisierte Aufgaben enthält, wie etwa Reinigungsaufgaben, Untersuchen auf Verlust von Schmiermittel, Suchen nach gelockerten Schrauben usw. Es kann unterschiedliche Checklisten für tägliche, wöchentliche oder monatliche PMs geben, oder es könnte eine Hauptliste aufgestellt werden, die alle wiederkehrenden Aufgaben umfaßt.

Normalerweise enthalten PM-Checklisten keine oder nur einfache Teile oder Materialien (wie etwa Filter oder Schmiermittel), die bei oder in der Nähe der Maschine schnell verfügbar sind. Außerdem sollten für die Durchführung der Checkliste nur einfache (oder keine) Werkzeuge erforderlich sein. Für Planungs- und Kontrollzwecke sollten Sie abschätzen, wieviel Zeit für die Erledigung der Checkliste gebraucht wird. Um eine typische tägliche oder wöchentliche Checkliste zu erledigen, werden nur wenige Minuten gebraucht.

Für jede Maschine sollte es zwei Arten von Checklisten geben. Eine umfaßt das PM, das durchgeführt wird, während die Maschine läuft. Es gibt bestimmte Aufgaben, wie etwa das Erkennen von Überhitzung oder übermäßiger Vibration, die nur gemacht werden können, wenn die Maschine läuft. Andere Arbeiten, wie etwa das Überprüfen der Spannung des Keilriemens oder innere Reinigung, können nur gemacht werden, wenn die Maschine ausgeschaltet und gesichert ist. Das Ziel ist, so viel PM wie möglich bei laufenden Betriebsanlagen durchzuführen, um die Zeit, in der die Maschine aus der Produktion genommen werden muß, zu limitieren.

Diese Art PM (nach Checkliste) ist gewöhnlich vom Typ I, also durchführbar für die Maschinenführer.

Schritt 4:
Entwicklung von PM-Arbeitsanweisungen

Im Gegensatz zu den Checklisten sind für die PM-Arbeitsanweisungen Werkzeug und Materialien erforderlich, weshalb diese normalerweise von der Wartung ausgeführt werden. PM nach Arbeitsanweisung läuft ebenfalls routinemäßig und sich wiederholend ab, aber normalerweise in geringeren Frequenzen, wie etwa monatlich, vierteljährlich oder jährlich.

Auch jede PM-Arbeitsanweisung ist an eine Maschine gebunden und enthält eine Liste von Aufgaben und von Materialien. Es kann die Beteiligung der PM-Planer/Zeitplaner nötig sein, um die Teile und Materialien zu planen und die Arbeit einzuteilen, insbesondere wenn die Laufzeiten, die Anzahl der gemachten Stöße, Schläge und produzierten Teile die Zeit festlegen, in denen diese PM ausgeführt wird. In der Regel ist eine spezielle Arbeitskraft zugeordnet und die benötigte Zeit wird ebenfalls abgeschätzt.

Diese Art von PM ist normalerweise Typ II, aber die Maschinenführer können miteinbezogen werden, indem sie bei der Ausführung assistieren, da die Maschine gewöhnlich stillgelegt wird.

Schritt 5:
Entwicklung von PM-Routen

Die PM-Route ist das beste Mittel, um die Produktivität des Wartungspersonals, das die PM-Checklisten oder Arbeitsanweisungen ausführt, zu verbessern. Der Weg von der Wartungswerkstatt und zurück dauert oft länger als die Arbeit an der Maschine. Das Routenblatt eliminiert die Hin- und Rückwege, indem es die PM-Arbeit in einem bestimmten Areal zusammenfaßt. Der Fachmann folgt grundsätzlich einer »Straßenkarte« und rückt von Maschine zu Maschine vor.

Sie werden überrascht sein, wieviel PM-Arbeit mit dieser Vorgehensweise ausgeführt werden kann. Da Sie vorher die Zeit, die für jede Checkliste oder Arbeitsanweisung gebraucht wird, abgeschätzt haben, können Sie jetzt die Gesamtzeit für jede Route durch Addieren der Wegezeit zu der gesamten Arbeitszeit feststellen. Wie bei den PM-Arbeitsweisungen wird auf dem Routenblatt die Häufigkeit (wöchentlich, monatlich) vermerkt und es wird jeweils ein eigenes Blatt für die laufenden und die stillgelegten Betriebsanlagen angelegt.

Schritt 6:
Entwicklung von PM-Zeitplänen

Normalerweise gibt es einen Jahresplan für jede Maschine, der alle PM-Frequenzen enthält. Dieser Zeitplan ist ziemlich statisch (ohne Änderungen), wenn nicht PM durch die Laufzeiten oder andere Variablen gesteuert wird. Der Hauptplan löst die (tägliche oder wöchentliche) Freigabe aller fälligen Checklisten oder Arbeitsanweisungen aus. Zeitpläne für vom Maschinenführer durchgeführtes PM werden normalerweise auf der Maschine angebracht oder sind in Ordnern in der Nähe. Der Kontrollplan wird abgezeichnet, wenn PM fertiggestellt wurde.

Als Folge von TPM-PM werden die Checklisten und sogar die Zeitpläne dynamischer, weil das Feedback von Arbeitern und Wartungspersonal zu zusätzlichen – oder weniger – Aufgaben und geänderten Zeitintervallen auf dem Zeitplan führt.

Sie können eine gute PM-Erfüllung fördern, indem Sie die Höhen und Tiefen Ihrer täglichen PM-Arbeitslast durch die Entwicklung eines guten PM-Zeitplans ausgleichen. Das erlaubt Ihnen, eine konstante Anzahl von Wartungspersonal, das sich dem PM widmet, einzusetzen. Es ist ebenfalls wichtig, die Unterbrechungen der Produktion zu limitieren, indem zum Beispiel eine monatliche und eine vierteljährliche PM-Arbeit kombiniert und gleichzeitig durchgeführt werden, auch wenn einer der Zyklen ein wenig geändert werden muß.

Schritt 7:
Führen eines Maschinenlogbuchs

Ein gutes Maschinenlogbuch ist überaus wichtig für Management, Instandhaltung und Verbesserung der Betriebsanlagen. Leider führen und nutzen dies nur wenige Unternehmen. Ohne dieses werden Sie nicht in der Lage sein, wiederholtes Versagen zu lokalisieren, oder die gesamten Reparaturkosten im Vergleich mit den Kosten einer neuen Maschine festzustellen. Das Maschinenlogbuch hilft Ihnen auch, Ihre PM-Aufwendungen anzupassen und eine gute Vorgehensweise zur Verbesserung der Betriebsanlagen zu entwickeln.

Abbildung 17 zeigt ein Beispiel für ein gutes Maschinenlogbuch. Jede Reparatur oder umfangreiche PM wird als einzeiliger Eintrag dem Logbuch hinzugefügt, das für jede wichtige Maschine geführt wird. Er enthält Datum, Nummer der Arbeitsanweisung, eine kurze Beschreibung der Aktion, Arbeitsstunden und -kosten, Ersatzteilkosten, totale Reparaturkosten und Gesamtsumme der Kosten. Da all dies normalerweise mit dem Computer erstellt wird, kann die Summe der Reparaturkosten als Prozentsatz der Kosten für eine Neubeschaffung berechnet werden. Dies wird im Prozeß der Entscheidungsfindung über einen Betriebsanlagenaustausch hilfreich sein. Wenn jährliche Reparaturkosten und Logbuch nicht verfügbar sind, dann ist es sehr schwierig, die Neubeschaffung von Betriebsanlagen zu rechtfertigen und es kann zu einem teuren Aufschub dieser Entscheidungen führen.

Das folgende Beispiel verdeutlicht, warum das Führen eines Maschinenlogbuchs Geld sparen kann. Ein großes Stahlwerk hatte ungefähr 5.000 Stück mobiler Maschinen, vom kleinen Gabelstapler bis zu Diesellokomotiven. Der Meister der Instandhaltung wußte, daß bestimmte Maschinen immer in der

TPM-Anlagenlogbuch

Anlagennummer 928122625 Beschreibung Mischer Inventarnummer B-27 488

Anschaffungsdatum 18. Juni 19xx Preis DM 2.500,- Wiederbeschaffungswert DM 3.000,-

Datum	Antrags-nummer	Durchzuführende Arbeit	Arbeit Stunden	Arbeit Kosten	Teile-kosten	Gesamt-kosten	Kumulierte Kosten	% des Wbw.*
01/22/XX	14721	Austausch des Getriebegehäuses	3,0	60,00	358,00	418,00	418,00	13,9
02/30/XX	14844	PM	,5	10,00	0,00	10,00	428,00	14,3
02/15/XX	14987	Austausch der Riemenscheidensicherung	1,5	30,00	40,00	70,00	498,00	16,6
02/28/XX	15368	PM	,5	10,00	12,00	22,00	520,00	17,3
03/03/XX	15652	Austausch der Antriebswelle	2,5	50,00	50,00	100,00	620,00	20,7
03/25/XX	15877	PM	,5	10,00	0,00	10,00	630,00	21,0
03/30/XX	16300	Austausch eines Antriebswellenlagers	1,5	30,00	25,00	55,00	685,00	22,8
04/10/XX	16521	Reparatur des Getriebegehäuses	8,0	160,00	30,00	190,00	875,00	29,2
04/20/XX	16854	Ausrichten der Antriebswelle	3,0	60,00	0,00	60,00	935,00	31,2
04/28/XX	17201	PM	,5	10,00	0,00	10,00	945,00	31,5
05/05/XX	17727	Austausch eines Antriebswellenlagers	2,0	50,00	32,00	82,00	1027,00	34,2
05/17/XX	18221	Lackierung	4,0	80,00	10,00	90,00	1117,00	37,2
05/26/XX	18922	PM	,5	10,00	0,00	10,00	1127,00	37,6
06/20/XX	19301	Austausch des Getriebegehäuses	4,0	80,00	360,00	440,00	1567,00	52,2
06/27/XX	19644	PM	,5	10,00	0,00	10,00	1577,00	52,6

* Wbw. = Wiederbeschaffungswert

Abbildung 17

Werkstatt waren und sicher eine Menge Geld kosteten. Das Unternehmen führte Wartungslisten, aber kein Maschinenlogbuch. Als ein Unternehmensberater zu ihnen kam, erstellte er anhand dieser Listen Maschinenlogbücher und wies nach, daß das Unternehmen bei bestimmten Maschinen den dreifachen Betrag der Anschaffungskosten für jährliche Reparaturen und Wartung ausgab. Das ist dasselbe, als würden Sie *jedes Jahr* 45.000 DM ausgeben, um Ihr 20.000 DM-Auto fahrbereit zu halten!

Schritt 8:
Anwendung der Strichcodetechnologie

Immer mehr Unternehmen gehen zur Strichcodetechnologie über, einer produktiven High-tech-Methode, um Instandhaltungsaktivitäten zu managen und zu kontrollieren. Während der Strichcode in Supermärkten und vielen Geschäften sowie im Produktionsbereich für die Bestandsaufnahme an der Tagesordnung ist, wird er für die Instandhaltung nicht häufig genutzt. Er bietet viele Vorteile. Zum Beispiel macht er es überflüssig, Informationen aufzuschreiben, etwas, das viele Wartungsleute scheinbar nicht besonders gerne tun.

Und so funktioniert es: Jede Anweisung von Instandhaltungsarbeiten (wenn Sie es wünschen einschließlich PM, oder sogar den von den Arbeitern durchgeführten Checklisten) wird beim Ausdruck mit einem Strichcode versehen. Der Computer kennt den Inhalt der Arbeitsanweisung. Wenn die Instandhaltungsfachkraft mit der Arbeit beginnt, liest er oder sie mit einem Barcodeleser die Arbeitsanweisung und die Personalmarke, die ebenfalls codiert ist. Jetzt weiß der Computer, daß mit dem Job begonnen wurde, wann und von wem und holt den Job aus dem Arbeitsrückstand in die aktive Datei.

In den Lagern, wo Ersatzteile ausgegeben werden, werden alle Teile mit einem Strichcodeetikett versehen; bei kleinen Teilen in Schubläden befindet sich das Etikett auf der Schublade oder in einem Katalog. Die Arbeitsanweisung wird mit dem Barcodeleser erfaßt und jedes aufgrund dieser Arbeitsanweisung ausgegebene Ersatzteil wird ebenfalls gelesen. Das bewirkt zwei Dinge: a) die Ersatzteile und Kosten werden automatisch der Arbeitsanweisung zugeschrieben und b) das Bestandsverzeichnis wird automatisch angepaßt und es kann sogar eine Nachkaufanforderung herausgegeben werden, wenn eine Mindestmenge des Lagerbestands erreicht ist. Nachts, wenn die Lager nicht besetzt sind oder in gänzlich unbesetzten Lagern wird der Zugang zum Lager durch eine Kennmarke mit Strichcode ermöglicht und der Computer weiß, wer wann das Lager betreten hat.

Als nächstes geht der Instandhaltungsmitarbeiter zu der Maschine, um den Job auszuführen und liest das Strichcodeetikett auf der Maschine. Wenn die Arbeit beendet ist, wird die Arbeitsanweisung wieder gelesen, um den Job abzuschließen. Jetzt hat der Computer alle Informationen, um folgendes zu tun (ohne daß der Instandhaltungsmitarbeiter irgendetwas aufschreiben muß):

1. *Abschluß* der Arbeitsanweisung, einschließlich Datum, totaler Kosten und benötigter Zeit und Herausholen der Arbeitsanweisung aus dem File für die laufenden Arbeitsanweisungen

2. Eintragen des Jobs in das *Maschinenlogbuch* (nach Maschinennummer) einschließlich von Datum, Nummer der Arbeitsanweisung, Arbeitsbeschreibung, Zeit- und Arbeitskosten, Materialkosten, Gesamtkosten, aufsummierte Kosten und ihr Prozentwert von den Kosten für eine Ersatzmaschine

3. Berechnung der *PM-Erfüllung* (eingeplante PM-Arbeiten verglichen mit den tatsächlich ausgeführten)

4. Ausgabe einer Liste der PMs, die im geplanten Zeitraum *nicht ausgeführt* wurden

5. Berechnen von *Leistungsindizes,* falls Zeitabschätzungen genutzt wurden, wie etwa Produktivität, Auslastung und Arbeitsleistung

6. Berechnen der Abstände zwischen Maschinenversagen, wenn in der Arbeitsanweisung Maschinenstillstand codiert wird und die Betriebsstunden eingegeben werden

7. Die Bestandslisten bleiben auf dem neuesten Stand, einschließlich Verwendung der Ersatzteile, monatliche Materialkosten, Kosten des Materials für die Betriebsanlagen usw.

8. Aufstellung der gesamten Arbeitsstunden, die jeweils von den Betriebsanlagen, vom Arbeitsbereich, vom ganzen Werk gebraucht werden, und von der Art von Arbeit (Ausfall, geplante Wartung, PM usw.)

9. Erzeugen von anderen, nach Bedarf entworfenen Berichten

Wie Sie sehen können, bietet der Strichcode zu vernünftigen Kosten äußerst umfangreiche Mittel für Management und Kontrolle der Instandhaltung. Die Technologie ist vorhanden, die Software ist vorhanden; alles, was Sie tun müssen, ist ein System zu entwickeln, das zu Ihren Bedürfnissen paßt. Der schwerste Teil ist die Umstellung der Instandhaltungslager auf den Strichcode. Aber dies ist eine einmalige Aufgabe und der Mühe wert, wenn man die gewonnene Kontrolle und Übersichtlichkeit bedenkt.

Der attraktive Teil des Strichcodes ist, daß die Schreibarbeit vollständig und das Papier zum größten Teil beseitigt wird. Die

Instandhaltungsarbeiter gewöhnen sich schnell an dieses System und mögen es im allgemeinen. Das Management schließlich bekommt die Mittel und die Daten, die benötigt werden, um Instandhaltung *und* Betriebsanlagen zu managen.

Schritt 9:
Entwicklung eines Berichtsystems

Leider befinden sich viele Unternehmen in einem Blindflug, wenn es um gutes PM-Management geht. Das Fehlen nutzbarer PM-Berichte trägt hierzu bei. Sie verbringen den größten Teil ihrer Zeit und Anstrengungen damit, auf Störungen zu reagieren und PM wird auf einer Ad-hoc-Basis durchgeführt, mit geringer Planung und sehr wenigen Berichten, wenn überhaupt. In einem solchen Umfeld ist es schwierig, Fortschritte zu machen, ganz zu schweigen von einer grundlegenden Verbesserung. Lassen Sie es nicht soweit kommen.

PM verlangt viel Engagement und Disziplin. Und die Ergebnisse sind nicht sofort zu erkennen. Deshalb ist auch Geduld erforderlich. Wenn Ergebnisse erkennbar werden, dann müssen Sie sie dokumentieren, um Ihre Investition in PM zu rechtfertigen und das Projekt fortzusetzen.

Aus diesem Grund gibt es zwei Typen von PM-Berichten. Der eine Typ zeigt, wie gut Sie Ihre PMs *durchführen* und der andere berichtet, wie *erfolgreich* Ihre PM-Aktivitäten in Hinsicht auf einen positiven Einfluß auf Ihre Betriebsanlagen sind.

Der *Kontrollbericht* enthält folgende Punkte:

❏ PM-Erfüllung (der Umfang, nach Zeitplan durchgeführt, verglichen mit der geplanten PM)

Ziel: 100 Prozent für Maschinen der Dringlichkeit 1
90 Prozent + für Maschinen der Dringlichkeit 2
80 Prozent + für Maschinen der Dringlichkeit 3

❏ PM-Leistung, -Auslastung und -Produktivität wie in Schritt acht diskutiert

❏ PM-Kosten (Arbeit und Material)
- für Maschinen (je Maschine)
- für Wartung und Maschinenführer (dieses Verhältnis wird sich während TPM verschieben, deshalb müssen Sie es aufzeichnen)
- durch Lieferanten, falls vorhanden
- Summe der PM-Kosten für die Abteilungen und das Werk

❏ Maschinenlogbuch, nicht nur als ein Bericht, sondern als ein Hilfsmittel zu benutzen

Der Zwischenbericht umfaßt folgende Punkte:

❏ Ausfallstunden
(Die Ausfallstunden werden häufig von der Produktion geliefert.)
- der Maschinen
- in der Abteilung
- im Werk

❏ Trend der Ausfallzeiten (wie oben)

❏ Zwischenzeit zwischen den Ausfällen für jede Maschine der Dringlichkeit 1 und 2

❏ Wert der gesteigerten Produktionszeit, wenn möglich korreliert mit den PM-Kosten.

Das Erstellen und Nutzen dieser Berichte hilft Ihnen, Ihre PM in einer organisierten Form durchzuführen. Wenn Sie

Ihre PMs richtig und nach einem Zeitplan ausführen, dann werden die Ausfallzeiten abnehmen und die Leistung der Betriebsanlagen ansteigen. Es ist wichtig, diesen Fortschritt zu messen, da der Wert einer guten PM nicht für jeden im Betrieb offensichtlich ist.

Schritt 10:
Einführen der PM-Organisation

Ein PM-System, wie es gerade beschrieben wurde, kann nur erfolgreich sein, wenn es von einer guten PM-Organisation unterstützt wird. Es ist *sehr empfehlenswert,* eine spezielle PM-Arbeitsgruppe einzusetzen (das heißt PM-Spezialisten, die nur PM machen – und an ihrem Zeitplan festhalten). Wenn Sie es managen, Ihren PM-Arbeitsaufwand auszugleichen (Schritt sechs), dann kann die PM-Arbeitsgruppe stabil bleiben.

Und überraschenderweise ist bei diesem System Ihre PM-Arbeitsgruppe nicht groß (insbesondere, wenn Ihre Maschinenführer sich am TPM-PM beteiligen). Das Addieren der für alle PM-Arbeitsanweisungen und Instandhaltungschecklisten geschätzten Zeit (einschließlich Wege- und Zusatzzeiten) wird die gesamten Arbeitsstunden pro Woche ergeben. Teilen Sie diese Zahl durch die Beschäftigungsstunden pro Woche, um das benötigte spezielle Personal zu erhalten.

Wenn Sie erst einmal die Arbeitsgruppe festgelegt haben, dann können Sie die Struktur der Organisation erzeugen. Die meisten Betriebe werden mit einer ziemlich einfachen Organisation auskommen (eine kleine PM-Gruppe innerhalb der Instandhaltung). Große Betriebe jedoch werden möglicherweise einen PM-Gruppenleiter für eine Gruppe mit zehn oder mehr Mitarbeitern benötigen und vielleicht einen speziellen PM-Planer und -Disponenten.

Die Geheimnisse einer erfolgreichen PM

Es wurde über einen längeren Zeitraum hin festgestellt, daß Unternehmen mit einem sehr erfolgreichen PM-Programm folgende Elemente anwenden:

- ein gutes, computerunterstütztes *System*
- PM-*Routen* für von der Wartung ausgeführte PMs
- *spezielle* Arbeitsgruppen
- festgelegte und befolgte *Dringlichkeit*
- gute *Berichte* und Maschinenlogbücher
- absolutes *Engagement* des Managements für PM

Auf die Maschinenführer gestützte PM (innerhalb TPM)

Der zweite Weg für Ihre PM-Verbesserungsstrategie ist, so viele PM-Routinearbeiten wie möglich auf die Maschinenführer zu übertragen. In einigen Fällen wird das ziemlich einfach zu erreichen sein, insbesondere wenn die Maschinenführer bereits an der Reinigung der Maschinen, an deren Einrichtung und Justierung, am Beseitigen kleinerer Probleme wie etwa Blockierungen usw. beteiligt sind. Sie sind im allgemeinen motiviert, noch mehr an ihren Maschinen zu tun. Dann ist die Frage, was übertragen wird und wie die notwendige Schulung durchgeführt werden soll. In späteren Kapiteln wird noch erläutert, wie man dies angeht.

Bei anderen Beispielen ist genau das Gegenteil der Fall. Die Maschinenführer werden sich dagegen wehren, ihre Maschinen »anzufassen«, häufig weil sie über Jahre von der vorhandenen Firmenpolitik oder -praxis davon abgehalten wurden.

Manchmal halten Arbeitsvereinbarungen zwischen der Gewerkschaft und dem Management die Maschinenführer davon ab, irgendetwas anderes als »einfache Werkzeuge« zu benutzen.

Auf die Maschinenführer gestützte PM bietet eine einzigartige Gelegenheit, die Leistung Ihrer Betriebsanlagen wesentlich zu steigern bei gleichbleibendem (oder sogar abnehmendem) gesamten Herstellungsbudget. Es schafft neue Möglichkeiten für Beteiligung, Engagement und Schulung der Maschinenführer.

Computerfreundlich

Es ist selbstverständlich, daß das vorausgehend beschriebene PM-System computerunterstützt sein muß.

Die PM-Arbeitsanweisungen und -Checklisten werden im Büro des Planers oder in der Maschinenhalle ausgedruckt. Es ist praktisch unmöglich, einen handschriftlichen Zeitplan mit so vielen laufenden PM-Aktivitäten herzustellen. Die Automatisierung der Datensammlung und der Erstellung von Berichten ist ein Muß. Dasselbe gilt für die Bestandskontrolle der Wartung.

Glücklicherweise stehen zahlreiche CMMS (Computerized Maintenance Management Systems) zur Verfügung, die bei der Unterstützung Ihres PM-Systems gute Arbeit leisten. Viele sind PC-gestützt, die meisten unterstützen ein LAN (Local Area Network)-System. Für große Betriebe gibt es mini- und mainframegestützte CMMS-Programme.

In Betrieben mit vorhandenem CMMS bringt die Einführung von TPM eine zusätzliche Herausforderung. Sie müssen eine neue »Branche«, nämlich die Maschinenführer, in ihr Zeitplanungssystem einfügen. Die Verteilung von PM-Checklisten und Zeitplänen ist weitreichender und kann zusätzliche Terminals in der Maschinenhalle bedeuten. Das Berichtsystem muß zwischen Aufgaben, die vom Instandhaltungspersonal oder von den Maschinenführern ausgeführt wurden, unterscheiden. Mehr Leute, einschließlich der Maschinenführer, müssen für die Eingabe der PM-Daten geschult werden.

Die meisten guten PM-Programme können jedoch ohne größere Arbeit angepaßt werden. Es ist wichtig, zuerst Ihren Bedarf und die Spezifikationen bezüglich TPM zu erarbeiten und dann ein System, das die Durchführung und Kontrolle Ihres verbesserten PM-Programms unterstützen wird, anzupassen oder anzuschaffen. Denken Sie daran, machen Sie keinen Blindflug!

9
Verbesserung der Betriebsanlagen mit Hilfe von Techniken zur Problemlösung

TPM-EM, Management der Betriebsanlagen/Verbesserung der Betriebsanlagen, ist die dritte Komponente des TPEM-Verfahrens (Total Productive Equipment Management). Aber in vielen Unternehmen wird sie als erste angewandt. Es gibt verschiedene Gründe für diese Vorgehensweise.

Im Gegensatz zu TPM-AM und -PM steuern die Maschinenführer hier ihr Denkvermögen und ihre Erfahrung mit den Betriebsanlagen bei, keine manuelle Arbeit. Sie beteiligen sich an Arbeitsgruppen, die Maschinenprobleme analysieren und Verbesserungsvorschläge entwickeln. Ein anderer Grund ist, daß TPM-EM häufig zu schnellen und signifikanten Verbesserungen führt, was Ihnen einen Schnellstart zu einer erfolgreichen TPM-Installation ermöglicht. Weiterhin führt EM zu einer frühzeitigen und »unbedrohlichen« Einbeziehung der Maschinenführer in TPM und ihren Betriebsanlagen, wodurch Vertrauen und Motivation, mit TPM-AM und -PM weiterzumachen, aufgebaut werden. Und die Mitarbeiter müssen mit der Instandhaltung und dem Engineering zusammenarbeiten, ein bedeutender Schritt im Prozeß des Teamaufbaus.

CATS

Um den Prozeß zu beginnen, werden TPM-Kleingruppen, manchmal »Creative Action Teams« oder »Continuos Improvement Action Teams« (CATS) genannt, aufgebaut (gewöhnlich auf einer freiwilligen Basis) aus Maschinenführern, die an einer speziellen Maschine, verschiedenen ähnlichen Maschinen oder in Teilbereichen einer Verfahrens- oder Montagestraße arbeiten. Ungefähr fünf bis sieben Arbeiter bilden eine Arbeitsgruppe in der richtigen Größe. Die Arbeitsgruppen benötigen die Unterstützung durch mindestens einen Mitarbeiter der Wartung, der mit ihrer Maschine vertraut ist, und einen Verfahrens-, Produktions-, Herstellungs- oder REFA-Ingenieur, der gleichfalls mit der Maschine vertraut ist und Anleitung während des Analyse- und Verbesserungsprozesses geben kann. Abhängig von Ihrer Unternehmenskultur und Organisationsstruktur kann der Leiter oder Koordinator dieses Bereichs ebenfalls an den CATS-Treffen teilnehmen.

Das Hauptziel dieser Arbeitsgruppen ist die Identifizierung und Analyse von Maschinenproblemen und dann die Entwicklung von Lösungen und Verbesserungsvorschlägen.

Füttern der CATS

Die CATS benötigen Informationen und Daten, um erfolgreich zu sein. Sie beschäftigen sich täglich mit Ausfällen, geringeren Stillständen, Verzögerungen, reduzierter Geschwindigkeit, langen Rüstzeiten und anderen Problemen. Sie werden vielleicht verbesserte Maschinen brauchen, um sicherer und leichter zu arbeiten. Was sind die größten Probleme, die besten Verbesserungsmöglichkeiten? Sie brauchen Input, Daten.

Abbildung 18 verdeutlicht den Prozeß der Aktivitäten von CATS oder TPM-Kleingruppen. Es gibt vier Hauptquellen des Inputs:

TPM-Aktivitäten in kleinen Gruppen

```
   OEE-                              Anlagen-
Verlustanalyse                  zustandsanalyse


  Anlagen-                          »FISH«-
  logbuch                      Fehlerberichtsblatt

                    Input

                    TPM-
                Kleingruppen

                   Output


Anlagenverbesserung      TPM-EM
(Ideen und Projekte)

Verbesserung des         TPM-PM
Instandhaltungsprozesses
(Ideen und Projekte)     TPM-AM
```

Abbildung 18

Paretoanalyse
Nettoproduktivzeit und -ausfälle

- Produktivzeit
- Leerlauf / Stillstand
- Ausfälle
- Einstellung
- Geschwindigkeit
- Qualität

Pareto erster Ebene

Paretoanalyse
Leerlauf und kleinere Standzeiten

- Materialstau
- fehlende Teile
- keine Bedienung
- falsche Einstellung
- Sensorprobleme
- sonstiges

Pareto zweiter Ebene

Abbildung 19

1. OEE-Verlustanalyse

Diese Daten sollten aus der Machbarkeitsstudie verfügbar sein, in der die Betriebsanlagen sorgfältig gemessen und studiert und die verschiedenen Verluste identifiziert und quantifiziert wurden. Manchmal wird von dieser Studie eine Paretoanalyse zur Verfügung gestellt, wenn nicht, werden die CATS eine eigene entwickeln. Wie das Beispiel in Abbildung 19 verdeutlicht, zeigt die Paretoanalyse zweiter Stufe einen 20prozentigen Verlust aufgrund von Leerlauf und kleineren Störungen. Angenommen, das Team entscheidet, daß dies gute Verbesserungsmöglichkeiten bietet (das tut es fast immer!), dann könnten sie zur Paretoanalyse zweiter Stufe übergehen und die Gründe für den Leerlauf und kleinere Störungen analysieren und quantifizieren.

Wie abgebildet sind Blockierungen für annähernd die Hälfte der wegen kleinerer Störungen verlorenen Zeit verantwortlich. Eine Paretoanalyse dritter Stufe, oder eine kurze Studie, könnte jetzt dazu beitragen, festzustellen wo diese Blockierungen auftreten und wieviel Zeit jeweils verloren geht. Jetzt beginnt die Arbeitsgruppe damit, die *Gründe* für die Blockierungen aufzudecken und Verbesserungen zu entwickeln, wie diese Blockierungen in Zukunft vermieden werden können. Wenn das Team die Eliminierung aller Blockierungen erreichen würde, so wäre dies eine Verbesserung des OEE um 9 Prozent.

Gute OEE-Analysen sind ausgezeichnete Hilfsmittel für die Aktivitäten zur Maschinenverbesserung, da sie nicht nur die Probleme und Verluste der Maschinen deutlich *identifizieren,* sondern sie auch in Minuten pro Tag und Prozentzahlen *quantifizieren*. Es ist ratsam, daß einige oder alle Gruppenmitglieder lernen, wie eine OEE-Studie durchgeführt wird und daß sie dann einige auf ihren Maschinen ausführen.

	TPM-Anlagenzustandsanalyse

Anlagennummer _____ Anlagenbeschreibung _____
Datum _____ Ausgewertet durch _____

```
   schlecht   genügend   durchschnittlich   gut   ausgezeichnet
   |....|....|....|....|....|....|....|....|
       1         2         3         4         5
```

Gesamt-note:

1. Zuverlässigkeit
    Kommentare:

2. Trend (Was können Sie von Ihrer Maschine erwarten? Zum Beispiel verbesserte Leistung, andere Fehlleistungen usw.)
    Kommentare:

3. Allgemeiner Zustand
    Äußere Erscheinungen, Sauberkeit
    Bedienungskomfort
    Sicherheit / Umgebung
    Kommentare:

© 1992 International TPM Institute, Inc.

Abbildung 20

2. Analyse des Betriebsanlagenzustandes

Das Formular in Abbildung 20 ist eines der wirksamsten Mittel, um Ihre Maschinenführer frühzeitig (und manchmal mit Begeisterung) für ihre Maschinen und den TPM-Vorgang zu interessieren. Es ist ein strukturiertes Vorgehen, das die Maschinenführer veranlaßt, ihre Betriebsanlagen zu kritisieren und zu demonstrieren, daß ihre Maschinen Verbesserungen – und eine bessere Instandhaltung gebrauchen könnten. Es ist viel weniger präzise und subjektiver als die OEE-Analyse. Manchmal erscheinen recht emotionale Bemerkungen auf den zurückgegebenen Formularen. Diese Analyse beinhaltet jedoch einige verschiedene Aspekte wie etwa fehlende Fähigkeiten oder den allgemeinen Zustand der Betriebsanlagen, die in der OEE-Analyse nicht enthalten sind. Wenn beide Studien bei den CATS-Treffen als Information zur Verfügung stehen, dann ermöglichen sie die beste und vollständigste Beurteilung Ihrer Betriebsanlagen.

Die Betriebsanlagen werden beurteilt nach:

❏ Zuverlässigkeit
❏ Fähigkeiten
❏ allgemeinem Zustand
  • Aussehen/Sauberkeit
  • Bedienungsfreundlichkeit
  • Sicherheit/Umgebung

Ihre Betriebsanlagen benötigen gegebenenfalls andere oder zusätzliche Kriterien.

Die Bewertungsskala sieht folgendermaßen aus:

1. *Schlecht*
(unterhalb jeder Norm, sollte nicht benutzt werden)

2. *Genügend*
(gerade noch akzeptabel, unterhalb der Norm)

3. *Durchschnittlich*
(entspricht den Anforderungen, kann verbessert werden)

4. *Gut*
(Verbesserungen denkbar)

5. *Ausgezeichnet*
(entspricht den oder übertrifft alle Erwartungen)

Diese Bewertungsskala wird auf alle Kriterien angewandt. Der allgemeine Zustand ist in drei Punkte gegliedert, die getrennt bewertet werden und von denen dann der Durchschnitt genommen wird. Als nächstes wird als Gesamtbewertung der Betriebsanlagen der Durchschnitt der Bewertungen für Zuverlässigkeit, Fähigkeit und für den allgemeinen Zustand bestimmt.

Es ist empfehlenswert, daß die CATS-Arbeitsgruppen diese Analyse frühzeitig, möglichst während der Machbarkeitsstudie, durchführen. Das ist ein ausgezeichneter Grund, die TPM-Kleingruppen frühzeitig im Prozeß zu bilden, ihre Aufmerksamkeit auf die Betriebsanlagen und die Instandhaltung zu lenken, Motivation und Teamarbeit aufzubauen und die Bereitschaft, sich an TPM zu beteiligen, zu entwickeln.

Seien Sie nicht überrascht, wenn einige Bewertungen ziemlich schlecht ausfallen. Die Maschinenführer sind normalerweise recht kritisch mit ihren Maschinen und scheuen sich nicht, ihre Meinung auszudrücken. Aber noch einmal: Dieser Prozeß erzeugt Bewußtsein und Engagement und ist »Nahrung« für die CATS. Die Gruppenmitglieder werden den Analysen und Daten, bei deren Entwicklung sie selber beteiligt waren, eher glauben und dementsprechend handeln.

Anlagenzustandsanalyse

Zustand – Aktion

Bewertungsskala	Zustand	Mögliche Aktionen
1 schlecht	– unterdurchschnittlich – schwierig zu handhaben – unzuverlässig – sehr geringe OEE – hält die Toleranzen nicht ein – keine Verbesserung durchgeführt – Bedienung nicht sicher – hohe Ausschußrate – keine PM	Sofortmaßnahmen erforderlich – außer Betrieb nehmen – umbauen – PM starten – Funktionalität und Sicherheit verbessern – reinigen – neu lackieren – verstecken
2 genügend	– gerade noch akzeptabel – teilweise unterdurchschnittlich – nicht leicht zu handhaben – eingeschränkte Tauglichkeit – verschmutzt – niedrige OEE – hohe Ausschußrate – sehr wenig PM	Kurzfristige Maßnahmen erforderlich – umbauen – Funktionalität und Sicherheit verbessern – PM verbessern – reinigen – Inspektion verbessern
3 durchschnittlich	– erfüllt die Anforderungen – ausreichend zuverlässig – PM wird durchgeführt – aber nicht in gutem Zustand – teilweise eingeschränkt tauglich – unauffälliges Aussehen – mittlere OEE – mittlere Ausschußrate	Maßnahmen erforderlich – die notwendige Funktionalität verbessern – Inspektion verbessern – PM verbessern – reinigen – keine Verschlechterung zulassen
4 gut	– zuverlässige Maschine – ansprechendes Äußeres – sehr wenig Ausschuß – volles PM – gute OEE – erfüllt alle Standards	Mögliche Maßnahmen – Feinabstimmen der PM – Inspektion beibehalten – Reinigungs- und Schmierprozedur beibehalten – verbessern, wo immer möglich – keine Verschlechterung zulassen
5 ausgezeichnet	– perfekter Zustand – sieht aus wie neu – ausgezeichnete Fähigkeiten – kein Ausschuß – verbesserte Anlage – keine Ausfälle – perfekte PM – ausgezeichnete OEE	Als Vorbild verwenden – Kunden vorzeigen – keine Verschlechterung zulassen – perfekte PM sicherstellen – absolut sauber halten – keine Ausfälle

Abbildung 21

Die Tabelle in Abbildung 21 reiht typische, in Bewertungsskalen vorkommende Zustandsbeschreibungen auf, um die Bewertungen der einzelnen Gruppen einheitlicher zu machen. Zusätzlich werden für jeden Zustand mögliche Reaktionen gezeigt, um CATS, Management, Engineering und Instandhaltung anzuregen, den Bedarf an Verbesserung von Betriebsanlagen und Instandhaltung anzusprechen.

3. Maschinenlogbücher

Wenn das Maschinenlogbuch, wie in Kapitel 8 diskutiert, zur Verfügung steht, dann sollte es als zusätzliches Informationsmaterial für die CATS genutzt werden. OEE und die Zustandsanalyse der Betriebsanlagen zeigen normalerweise nicht wiederholte Fehler und Ausfälle, aber die Maschinenlogbücher tun es. Es ist der letzte Puzzlestein, der das Gesamtbild von Leistung, Zustand und Geschichte der Betriebsanlagen komplettiert. Es deckt auch die Instandhaltungs- und Reparaturkosten für die Maschinen auf, die bei dem Prozeß der Entscheidungsfindung bezüglich der Verbesserungen berücksichtigt werden sollten.

Sehr oft wird die Entscheidung für mehr Instandhaltung (insbesondere PM) mit einem wesentlichen Gewinn aus gesteigerter Maschinenleistung (Ausstoß) und Qualitätsverbesserung belohnt.

4. Fehlerberichtsblatt (FISH)

In vielen Fällen steht kein nutzbares Maschinenlogbuch zur Verfügung. Oder vielleicht möchten Sie die Aufmerksamkeit der Maschinenführer noch mehr auf die Maschinenstörfälle konzentrieren. Das Fehlermeldeblatt ist hierfür das perfekte

TPM-Fehlerberichtsblatt (»FISH«)

Anlagennr. _____ Anlagenbeschreibung _____

Datum _____ Uhrzeit _____ Mitarbeiter _____

1. Was ist geschehen? (Beschreiben der Störung)

2. Warum? (Was hat nach Ihrer Meinung die Störung verursacht?)

3. Was sollte man dagegen tun?
   (Um zukünftigen Störungen der gleichen Art vorzubeugen)

© 1992 International TPM Institute, INC.

Abbildung 22

Mittel. Es ist ein Formular (Abb. 22), das jedesmal, wenn ein Versagen auftritt, von den Maschinenführern ausgefüllt wird. Es stellt drei recht einfache Fragen und verlangt einiges Feedback, einschließlich Spekulationen.

Wie bei der Zustandsanalyse der Betriebsanlagen sollten Sie sich auf einige Überraschungen vorbereiten, diesmal aber auf positive. Der frühere Gebrauch dieses Formulars hat gezeigt, daß die Maschinenführer nicht nur sehr genau beschreiben konnten, was passiert war, sondern in den meisten Fällen auch exakt wußten, was den Ausfall verursacht hatte. Und am wichtigsten war, daß viele Antworten auf die dritte Frage »Was sollte man dagegen tun?« äußerst nützliche Vorschläge waren, die zu einer schnellen und signifikanten Reduktion der Ausfälle führten! Zumindest lieferten sie den CATS-Treffen Diskussionsmaterial, was schließlich zu Verbesserungen führte. Das ist der Grund, warum CATS so gerne FISH mögen; die kreativen Aktionsgruppen halten die Fehlermeldeblätter und die darin enthaltenen Informationen für sehr nützliche Hilfsmittel für ihre Arbeit.

Mit so viel verfügbarer Information, OEE, Verlustanalyse, Betriebsanlagenzustand, Informationen zu Vorgeschichte und Störfällen, sind die Arbeitsgruppen gut gerüstet, um zahlreiche und kontinuierliche Verbesserungen an ihren Maschinen zu entwickeln. Manchmal stellt sich die Frage, wo man beginnen soll. Es ist naheliegend, daß alles, was den Durchlauf einer Engpaßmaschine verbessern wird, Priorität hat.

ROI ist eine weitere Überlegung: die Kosten der Verbesserung verglichen mit den Gewinnen. Die meisten Projekte jedoch, die Leerlauf und geringfügige Störungen, manchmal sogar Ausfälle, reduzieren, sind nicht so teuer. Häufig ist das Fehlen einer richtigen PM und Säuberung der Grund für das Problem und in diesen Fällen können sich die Maschinenführer selber helfen. Aus diesem Grund ist es die empfehlenswerte Vorgehensweise, mit TPM-EM zu beginnen. Es motiviert die Maschinenführer, sich an TPM-PM und -AM zu beteiligen.

Die Sitzungen der kreativen Arbeitsgruppen

Wenn es plötzlich soviel zu tun gibt, dann ist es wichtig, die Sitzungen sorgfältig zu planen, um nicht zu viel Produktionszeit zu verlieren und um ein gutes Vorankommen der Arbeitsgruppen zu erreichen. Die Sitzungen sollten im voraus zu einem regelmäßigen Zeitpunkt eingeplant werden, wie etwa jeden Mittwochmorgen um 8.00 Uhr, und sollten etwa eine Stunde dauern. Selbstverständlich werden Häufigkeit und Dauer der Sitzungen entsprechend ihrem Bedarf und dem Erfolg der Arbeitsgruppen variieren. Manche Teams werden sehr produktiv sein und viele Verbesserungen entwickeln, andere dagegen nicht.

Der Gruppenleiter ist entscheidend für den Erfolg der CATS. Er oder sie müssen die Gruppenmitglieder anleiten und motivieren, ohne die Diskussionen zu dominieren. Probieren Sie verschiedene Möglichkeiten aus, einen Vorarbeiter, einen Gruppenleiter, einen Instandhaltungsfachmann oder einen Ingenieur, um festzustellen, was in Ihrem Umfeld am besten funktioniert. Ein Ingenieur ist ratsam bei komplexen technischen Situationen oder wenn viel Schulung oder Analyse nötig ist, aber vielleicht haben Sie nicht genügend Ingenieure für alle Arbeitsgruppen. Es ist auch ganz gut möglich, die Gruppenleitung rotieren zu lassen, wenn ein Team erst einmal effizient arbeitet.

Eine gut geplante Agenda ist ebenfalls wichtig. Die Arbeitsgruppen sollten bei jedem Punkt einem festgelegten Programm folgen. Sie sollten sich bei diesen Sitzungen Notizen machen, damit es ein Protokoll darüber gibt, für welche Aktionen sie sich entschieden haben, wer diese Entscheidungen ausführen wird und über die gesetzten Termine. Sie können Kopien dieser Notizen an spezielle Anschlagbretter überall im Betrieb aushängen, damit andere Arbeiter und Arbeitsgruppen wissen, was die CATS tun und welchen Erfolg sie erzielen.

Analyse der Probleme

Ihre Arbeiter haben wahrscheinlich nie eine formelle Schulung in Fehleranalyse gehabt. Sie schulen sie in verschiedenen einfachen Techniken, die ihnen helfen können, die möglichen Ursachen eines Maschinenschadens zu analysieren und durchführbare Lösungen vorzuschlagen.

Die erste Technik ist die *Paretoanalyse,* manchmal die 80/20-Regel genannt. Sie wurde im 19. Jahrhundert von einem italienischen Volkswirtschaftler mit Namen Pareto erfunden, der beobachtet hatte, daß 20 Prozent der Bevölkerung 80 Prozent des Vermögens des Landes besaßen. Diese Regel kann auf viele Situationen angewendet werden, einschließlich dem Ausfall von Betriebsanlagen. Es kann zehn wichtige Gründe für ein Maschinenversagen geben, aber nur zwei Ursachen werden wahrscheinlich für 80 Prozent der Ausfälle verantwortlich sein. Wenn Sie sich darauf konzentrieren, diese beiden Ursachen zu finden, dann können Sie Prioritäten für Verbesserungen von Betriebsanlagen und Instandhaltung setzen.

Die Paretoregel ist einfach anzuwenden. Sie listen einfach die wichtigen Ursachen für einen Ausfall auf, sowie die Anzahl der Ausfälle pro Ursache und die gesamte Ausfallzeit für jede Ursache. Erstellen Sie dann ein Blockdiagramm, um die Hauptursachen grafisch darzustellen. Wenn auch Pareto für Analyse und Quantifizierung von Problemen gut geeignet ist,

Ursachen- und Wirkungsdiagramm (Fischgräte)

Maschine
- Staub / Schutt [12]
- Design
- Justierung
- Geschwindigkeit [8]
- Software

Verfahren
- Einrichtung [11]
- Training [11]
- Ablaufsteuerung
- Eichung
- Wartezeiten

Arbeitskräfte
- Leerlauf [7]
- Gewohnheiten
- Personalisierung
- Fähigkeit der Arbeiter [8]

Material
- Falsche Teile
- Größe
- Verbiegungen [9]
- Menge
- Toleranzen

☐ Anzahl der Meldungen durch die Teammitglieder (bestimmen die Prioritäten)

Abbildung 23

so ist er doch nicht sehr nützlich bei der Lösung dieser Probleme.

Um nach Lösungen für Ihre Maschinenprobleme zu suchen, werden Sie Ihre Maschinenführer in der Anwendung des *Ursachen/Wirkungsdiagramms* (Abb. 23), auch als Fischgrätdiagramm bekannt, unterrichten wollen. Die verschiedenen Probleme, die mit dem Material, der Maschine, der Arbeitskraft und der Methode verbunden sind, werden auf der diagonalen Linie notiert, die zum Rückgrat führen, das den Effekt darstellt: der Ausfall oder die Fehlfunktion. Das Erstellen dieses Diagramms ermutigt die Arbeitsgruppen, Ursachen und deren Auswirkung auf die Betriebsanlagen zu bestimmen. Es weist auch auf Lösungen hin, indem es die Verbindung zwischen Ursache und Wirkung aufzeigt. Nachdem das Fischgrätdiagramm fertiggestellt ist, stimmt das Team häufig über die verschiedenen Ursachen ab, um Prioritäten für die Problembeseitigung festzusetzen.

Ein drittes analytisches Werkzeug ist die TPM-Schwachstellenanalyse. Es verlangt ein wenig intensiveres Nachdenken und ist ein gutes Mittel bei einem speziellen Problem. Hierbei sollten Ihre Maschinenführer ein gewisses Grundwissen in Physik und Mechanik haben. Manchmal werden Sie entdecken, daß das Problem mehr als eine Ursache hat. Um dieses Problem zu lösen, brauchen Sie eine sehr systematische und wissenschaftliche Vorgehensweise. Sie versuchen eine Lösung nach der anderen, bis Sie das Problem eingegrenzt haben und die Ursache für das Problem beseitigen können.

Beim industriellen Engineering ist die *Methodenanalyse* ein elementares Hilfsmittel bei einer REFA-Analyse, das sich auf die Produktionsmethoden konzentriert. Flußdiagramme werden erstellt, um den Produktionsverlauf zu zeigen und welche nicht notwendigen zusätzlichen Aktivitäten zu Verzögerungen und Engpässen beim Transport der Produkte entlang der Produktionsstraße beitragen. Wenn Sie wissen, welche Aktivitäten Verzögerungen verursachen, dann können Sie sich auf die Beseitigung der Probleme und das Verkürzen des Verfahrensflusses konzentrieren.

Die Reaktion der Arbeiter

Wenn Sie diesen Richtlinien folgen, dann sind Sie auf dem richtigen Weg, um Ihre Arbeiter richtig zu motivieren. Das ist oft der erste Schritt bei einer maßgeschneiderten TPM-Installation. Wenn Sie den Maschinenführern Eignerschaft über die Maschine und deren Probleme übertragen, dann erreichen Sie, daß diese die Probleme gelöst sehen wollen. Sie werden sicher sein wollen, daß sie nicht wieder auftreten. Deshalb ist es wahrscheinlicher, daß sie motiviert sind, sich an Aktivitäten des Maschinenmanagements zu beteiligen, einschließlich einer vermehrten Beteiligung an Wartungsaktivitäten beim TPM-PM und schließlich TPM-AM. Sie werden feststellen, daß die Maschinenführer und die anderen Gruppenmitglieder sehr stolz auf ihre Leistungen sein werden.

Sie können jetzt ihre Maschinen verbessern und als ein unabhängiges CATS-Team mit Hilfe der Wartung Probleme analysieren und lösen. Anerkennen und belohnen Sie diese Leistungen. Positive Bestärkung durch das Management ist ein starker Motivationsanreiz. Lassen Sie das Team eine Präsentation für das Management machen und zögern Sie nicht, es auf Geschäftskosten zu einem Essen einzuladen. Ehrenurkunden, einschließlich einer Auszeichnung durch den Geschäftsführer, wurden erfolgreich eingesetzt, um die Leistungen der Arbeitsgruppen anzuerkennen und sie zu motivieren.

Überlegen Sie, ob Sie die finanziellen Gewinne mit den CATS teilen. Viele Unternehmen besitzen ein Vorschlagssystem mit Geldpreisen. Sie können ein solches Programm ausweiten, um die von *Arbeitsgruppen* durchgeführten Verbesserungen und erzielten Einsparungen zu erfassen. Seien Sie innovativ und halten Sie die CATS motiviert und interessiert. Die Aktivitäten zur Verbesserung von Betriebsanlagen und Wartung hören nie auf. Die wahre produktive Maschineninstandhaltung ist ein fortlaufender Prozeß, der Ihre Produktionsanlagen in eine sehr konkurrenzfähige Weltklasseposition versetzen wird, während Sie sich auf das 21. Jahrhundert zubewegen.

10
Die Machbarkeitsstudie

Die typische japanische Fabrik und die nichtjapanischen Betriebe unterscheiden sich sehr in der Art, wie sie TPM angehen. Der Grund liegt zum Teil in der Kultur und zum Teil in der Erfahrung mit TPM. In Japan kommt TPM normalerweise »von oben«, das heißt der Vorstandsvorsitzende oder Generaldirektor des Unternehmens oder der Geschäftsführer des Betriebs gibt die Entscheidung bekannt, TPM zu installieren. Da Autorität sehr respektiert wird, stellt niemand diese Entscheidung in Frage oder sträubt sich dagegen. Eine TPM-Schulung wird durchgeführt, die TPM-Organisation wird aufgebaut und schon sind sie dabei, die Installation zu planen und durchzuführen.

Anders im typischen nichtjapanischen Betrieb. TPM wird gewöhnlich von jemandem aus dem mittleren Management oder von einem Ingenieur »entdeckt«. Danach muß es dem Topmanagement »verkauft« werden oder vor ihm gerechtfertigt werden. Ein Teil dieses Rechtfertigungsvorgangs, oder einfach eine Methode um herauszufinden, ob der Betrieb für TPM bereit ist, ist die Machbarkeitsstudie.

Dem Autor ist nur ein einziger Vorstandsvorsitzender einer großen US-Gesellschaft bekannt, Harold A. Poling von Ford Motor Company, der in einem unternehmensweiten Schreiben zur Firmenpolitik das Konzept der »Ford Total Productive Maintenance« bekanntmachte und die Verantwortung des Topmanagements festlegte, dieses Schreiben zu interpretieren und umzusetzen.

Aber sogar bei Ford bedurfte es der Pionierleistungen von Managern wie Charlie Szuluk, heute Generalmanager, und von Ingenieuren wie Michael O'Connell aus der Elektronikabteilung (ELD), um das Bewußtsein für TPM zu wecken und es zuerst in den eigenen Abteilungen zu lancieren.

Es gibt jedoch Unternehmen, die tatsächlich (noch) nicht für TPM bereit sind. Manchmal ist das Firmenklima für TPM völlig ungeeignet. In seltenen Fällen hat die Gewerkschaft TPM abgelehnt, ohne überhaupt eine Studie abzuwarten. Das wird jedoch immer seltener, da die Vorzüge von TPM jedem besser bekannt werden. Ungefähr die Hälfte der Betriebe in den Vereinigten Staaten, in denen TPM gegenwärtig installiert wird, ist gewerkschaftlich organisiert.

Ein anderer Grund für die unterschiedliche Vorgehensweise ist die Erfahrung mit TPM. Praktisch jede japanische Führungskraft kennt TPM (TPM gibt es dort seit über 20 Jahren) und weiß, daß es funktioniert. Das ist in den meisten anderen Ländern nicht der Fall. Sie müssen für die Akzeptanz von TPM arbeiten und für Arbeitskräfte und Geldmittel kämpfen. Da diese Ressourcen normalerweise nicht im Überfluß vorhanden sind und klug eingeteilt werden müssen, ist eine Machbarkeitsstudie zur Bestimmung der Durchführbarkeit und Vorzüge von TPM wirklich angebracht. Unter diesen Umständen ist es sinnvoll, Prioritäten festzulegen (wo der größte Bedarf an verbesserter Maschinenleistung existiert) und in den Bereichen zu beginnen, die die besten Chancen für einen Erfolg bieten. Wenn TPM in diesen Bereichen erst einmal erfolgreich ist, dann werden die übrigen von allein folgen. Das führt zu einer schnellen Kostendeckung im TPM-Projekt und belegt dessen Rentabilität. Es liegt auf der Hand, daß dies die Motivation zu TPM (und auch die Investitionsbereitschaft) für eine werksweite Fortsetzung fördert.

Der japanische TPM-Manager sorgt sich nicht um diese finanziellen Gegebenheiten und ist nicht damit beschäftigt, eine schnelle Kostendeckung zu schaffen. Er weiß, daß er die völlige Unterstützung des Topmanagements hat und daß dieses die nötige Geduld aufbringt, auf die Ergebnisse zu warten, selbst wenn es drei oder mehr Jahre dauert. Er braucht keine Machbarkeitsstudie. Deshalb werden Sie in keiner früheren Literatur über TPM Informationen zur Machbarkeitsstudie finden.

Ihre Situation ist aber ganz anders. Wenn Sie kein Geld zu verlieren, keine Zeit zu verschwenden haben und Ihnen die Firmenkultur und das Arbeitsklima nicht gleichgültig sind, dann *müssen* Sie eine TPM-Machbarkeitsstudie durchführen. Die Ergebnisse dieser Studie werden die Grundlagen für Ihren maßgeschneiderten Entwurf der TPM-Installation mit den besten Resultaten sein.

TPM übt einen starken Einfluß auf die Betriebsabläufe und die Firmenkultur aus. Deshalb muß die Planung Ihrer Installation auf *soliden Informationen* basieren und am aktuellen *Bedarf* Ihres Unternehmens orientiert sein. Wir wissen, daß eine gut geplante Instandhaltungsaufgabe nur etwa halb so lange dauert wie eine ungeplante. Dasselbe trifft auf TPM zu. Sie können es nicht riskieren, die Planung einer so wichtigen Unternehmung auf Vermutungen basieren zu lassen!

Umfang der Machbarkeitsstudie

Die zwei Seiten der TPM-Medaille sind die *Betriebsanlagen* und die *Belegschaft*. Ihre Machbarkeitsstudie muß sich daher auf diese Elemente konzentrieren. Außerdem muß das augenblickliche Niveau der Instandhaltung (insbesondere von PM) beurteilt werden, da diese Information die Ausarbeitung Ihres TPM-Programms beeinflußt.

Die *wichtigen* Aufgaben einer typischen Machbarkeitsstudie
sind:

1. *Bewertung der augenblicklichen Leistung und des Zustands Ihrer Betriebsanlagen*

Schließen Sie alle wichtigen Maschinen und eine repräsentative Auswahl der übrigen Anlagen in diese Beurteilung mit ein.

a) Effektivität und Verluste der Betriebsanlagen

Hier messen Sie die wirkliche Effektivität Ihrer Betriebsanlagen und bestimmen und quantifizieren deren Verluste wie in Kapitel 5 diskutiert. Eigentlich der einzige Weg, wie Sie das mit einem gewissen Maß an Exaktheit und Glaubwürdigkeit tun können, ist, die Betriebsanlagen über einige Zeit zu *beobachten* und dabei ein »OEE-Beobachtungs- und -Berechnungsformular«, wie in Abbildung 24 dargestellt, zu benutzen. Geschulte Beobachter werden *Zeitstudien an den Maschinen* durchführen und die verlorene Zeit (in Minuten) in der passenden Spalte des Formulars notieren. Das Minimum an Beobachtungszeit beträgt vier Stunden und es können, abhängig von der Taktzeit der Maschine und der Häufigkeit der Verluste, längere Beobachtungszeiträume (bis zu 24 Stunden) nötig werden. Selbst dann kann sein, daß es nicht immer möglich ist, ein genaues Bild von den Maschinenstörungen zu bekommen und Sie müssen eventuell das Maschinenlogbuch oder die Akten der Instandhaltung durchforschen. Aber normalerweise beginnt sich nach vier bis acht Stunden Beobachtung ein recht stichhaltiges Bild abzuzeichnen und eine längere Untersuchung wird den Prozentsatz der Verluste nicht wesentlich verändern. Unter Benutzung der aus diesen Beobachtungen stammenden Zahlen können Sie jetzt OEE, NEE und den prozentualen Anteil jedes individuellen Verlustes kalkulieren, eingeteilt nach den ver-

Formblatt für die OEE-Beobachtung und -Berechnung

Anlagenname _____ Anlagennr. _____ Produkt _____ Beobachter _____

Seite ___ von ___
Taktzeit _____
Datum _____

Start	Ende	Lfd. Nr.	Leerlauf und kurze Stops (Ursachen)			Störungen (Ursachen)			Rüst./ Just.	Geschw.-verlust	Verwürfe	Anz. Teile	Bemerkungen
von	bis				andere			andere					
Gesamt													

© 1991 International TPM Institute, Inc.

Abbildung 24

schiedenen Gründen im Bereich von Leerlauf, der geringeren Störungen und Fälle von Maschinenversagen.

Natürlich müssen Sie diese verschiedenen Ursachen feststellen und vor Beginn der Beobachtungen die Informationskopfzeile des Formulars ausfüllen. Fragen Sie hier einfach die Bediener oder machen Sie einen kurzen Test.

Die Durchführung der OEE-Beobachtungen ist bei weitem die zeitintensivste Aufgabe Ihrer Machbarkeitsstudie. Aber es ist auch das bei weitem wichtigste Hilfsmittel, das Sie haben, wenn es darum geht, die Betriebsanlagen während TPM-EM zu verbessern und die für die Maschine notwendige Instandhaltung festzustellen. Es dient auch als ein Beweis dafür, daß TPM benötigt wird; denn die meisten OEE erweisen sich *viel niedriger* als jeder denkt. Die Berechnung des Verbesserungspotentials der Betriebsanlagen und die Ausarbeitung von Prioritäten werden auf Ihren ursprünglichen OEE-Kalkulationen basieren.

b) Ausnutzung der Betriebsanlagen

Hier wird die Anzahl der geplanten Stillstandzeiten bestimmt, um die Ausnutzung der Betriebsanlagen zu kalkulieren. Wenn Sie diese Anzahl erst einmal bestimmt haben, dann können Sie die Gesamte Effektive Betriebsanlagenproduktivität feststellen (TEEP, Total Effective Equipment Productivity). Das ist das wahre Maß dessen, was Sie wirklich von Ihren Maschinen bekommen, mit einer direkten Korrelation zum ROA (Return on Assets, Anlagenrentabilität).

c) Zustand der Betriebsanlagen

Die von den Arbeitern durchgeführte Analyse der Betriebsanlagenzustände wurde in vorangegangenen Kapiteln diskutiert. Die ausgefüllten Formulare und die numerische Bewertung jeder Maschine sind Teil der Daten der Machbarkeitsstudie. Schließen Sie Werkzeuge, Gußformen und festes Inventar in diese Analyse ein.

2. *Bewertung Ihrer Belegschaft*

Schließen Sie alle Bediener, das Wartungspersonal und die Vorarbeiter ein. Gewöhnlich wird die Personalabteilung während dieser Analyse recht engagiert sein, weil es sich hierbei in vielen Betrieben um ein »delikates« Thema handelt. Wenn es zu schwierig ist, alle diese Daten zu erhalten, dann lassen Sie die Finger davon, schätzen die Fähigkeiten und die Motivation des Mitarbeiters und schließen dieses Thema ab.

a) *Feststellen der benötigten Fähigkeiten*

Erstellen Sie eine Liste der typischen Aufgaben, die der Bediener an seiner/ihrer Maschine zur Zeit ausführt und fügen Sie mögliche zukünftige Aufgaben, die im Rahmen von TPM getan werden sollen, hinzu (Abb. 25). Bestimmen Sie, unter Benützung der früher diskutierten Liste von Fähigkeiten (Abb. 15), das notwendige Qualifikationsniveau für augenblickliche und zukünftige Anforderungen an die Bediener. Diese Liste ist auf Betriebsanlagen bezogen, nicht auf die Bediener.

b) *Feststellen der zur Verfügung stehenden Fähigkeiten*

Fügen Sie in demselben Formular den Namen des Bedieners (oder seine Codenummer) hinzu und tragen Sie den augenblicklichen Stand seiner Fähigkeiten ein, unter Benutzung derselben Rangliste von Fähigkeiten. Den augenblicklichen Stand der Fähigkeiten erfährt man vom Vorarbeiter oder

TPM-Analyse der (erforderlichen/verfügbaren) Fähigkeiten

Anlagenbezeichnung _____ Datum _____

Nr. _____ von: _____

Aufgaben	Benötigte Fähigkeit	Bediener _____	△	Bediener _____	△	Bediener _____	△	Summe △
a) Fertigung								
--------	4	3	1	2	2	4	0	3
--------	3	3	0	2	1	4	0	1
--------	4	4	0	3	1	3	1	2
b) PM/Säubern usw.								
--------	4	2	2	2	2	1	3	7
--------	3	2	1	3	0	2	1	2
--------								
c) Andere Aufgaben								
--------	5	3	2	3	2	4	1	5
--------	3	3	0	2	1	3	0	1

Summe			6		9		6	21

© 1992 International TPM Institute, Inc.

Abbildung 25

Gruppenleiter oder man bestimmt ihn durch Befragung/Beobachtung des Bedieners. Tragen Sie in die nächste Spalte den Unterschied ein, falls vorhanden.

c) Analyse der Fähigkeiten

Jetzt können Sie das ausgefüllte Formular analysieren. Es ist ein sehr gutes und quantifizierbares Kriterium für die Schulungsanforderungen. Ein großes Delta in der Spalte »Aufgaben« zeigt an, welche aufgabenbedingte Schulung notwendig sein wird. Ein großes Delta in der Summenspalte für »Bediener« zeigt an, welcher Bediener zusätzliche Schulung benötigt. Die Gesamtsumme für jede Maschine hilft Ihnen, den Schulungsbedarf für die Maschinen zu bestimmen. Dieselbe Vorgehensweise wird entsprechend auf das Wartungspersonal und, falls angebracht, auf die Vorarbeiter oder Gruppenleiter angewandt.

d) Feststellen der Schulbildung

Diese Informationen werden gewöhnlich von der Personalabteilung geliefert und sind für die Machbarkeitsstudie nicht von entscheidender Wichtigkeit. Ein hohes Maß an Fähigkeit und Motivation kann auch von Leuten mit wenig Schulbildung gezeigt werden. Viele Unternehmen führen jedoch Statistiken über die Ausbildung ihrer Belegschaft und es ist, wenn verfügbar, ein guter Beitrag zur Bewertung der TPM-Basis.

e) Bestimmen der Lernfähigkeit

Da Schulung eine der Hauptaktivitäten von TPM ist, ist eine Angabe der Lernfähigkeit (in erster Linie des Anlagenpersonals) nützlich. Dies ist jedoch nicht so leicht zu beurteilen. Die beste Information ist der erfolgreiche Abschluß von früheren, vom Unternehmen geförderten Fortbildungskursen und anderen Kursen (wie etwa einer Fachschule). Feedbacks der Vorarbeiter, zu deren Verantwortungsbereich die Schulung gehört, sollten ebenfalls gesucht werden.

f) Bestimmen des Motivationsgrads

Dies ist ein wichtiger Hinweis auf den möglichen Erfolg einer TPM-Installation, aber schwierig zu messen. Manchmal wird eine Umfrage benutzt, die verschiedene »was wäre wenn«-Fragen zusammen mit Fragen nach der »Job-Zufriedenheit« umfaßt. Eine recht gute Vorgehensweise ist, strukturierte Gruppengespräche durchzuführen, die auch genutzt werden können, um vor der Diskussion der Gruppe das TPM-Konzept zu erklären. In diesen Gruppensitzungen kann auch die *Einstellung* (zum Job oder zum Unternehmen, zur Annahme einer Herausforderung) ermittelt werden.

g) Wechsel der Angestellten

Bestimmen Sie in Unternehmen mit häufigen Mitarbeiterwechseln die Wechselrate für jede Abteilung und dokumentieren Sie sie in Ihren Unterlagen. TPM reduziert normalerweise die Wechselrate und Sie sollten in der Lage sein, dies zu belegen. Manchmal ist die Wechselrate direkt mit dem Grad der Motivation verknüpft. Die Personalabteilung wird diese Zahlen besorgen.

3. Bewertung von Leistung und Ergebnissen der Instandhaltung

Dies wird für alle Maschinen der Dringlichkeit 1 und 2 durchgeführt.

a) Beurteilung der gegenwärtigen Instandhaltung

Es ist wichtig festzustellen, wieviel und welche Art von Instandhaltung gegenwärtig an Ihren Betriebsanlagen durchgeführt wird.

Sammeln Sie Informationen zu folgenden Funktionen:

- Säubern
- Schmieren
- PM
- Überprüfungen
- vorausschauende Instandhaltung (PDM)
- andere geplante Instandhaltung
- Instandhaltung bei Versagen

und finden Sie Antworten auf folgende Fragen:

- Sind Checklisten und Arbeitsanweisungen für diese Aufgabe vorhanden?
- Ist ein Zeitplan für die Aufgabe vorhanden?
- Wie hoch ist die prozentuale Erfüllung (Fertigstellung)?
- Wer führt diese Funktion aus?
- Ist ein Bericht vorhanden?
- Wieviel Zeit wird für die Reparatur bei Maschinenversagen aufgebracht?
- Wieviel Zeit wird für PM und PDM aufgebracht?
- Wieviel Zeit wird für andere geplante Instandhaltung aufgebracht?

Bewertung der aktuellen Instandhaltung

Anlagenbezeichnung _____ Datum _____

Anlagennummer _____ von: _____

	Aufgaben	Liste verfügbar	Zeitplan verfügbar	% Erfüllungsgrad	ausgeführt durch	Bericht verfügbar	Bemerkung
1.	Tägliche Reinigung	✓	n/a	70%	Bed.	nein	Besserer Ablauf nötig
2.	Wöchentliche Reinigung	✓	nein	60%	Bed./Wart.	nein	Unklare Verteilung der Arbeit
3.	Schmierung	nein	nein	75%	Wart.	nein	Zeitplan erforderlich
4.	Tägliche PM	✓	n/a	60%	Wart.	nein	Möchte das Anlag.-pers. durchführen
5.	Wöchentliche oder längerfristige PM	✓	✓	60%	Wart.	ja	
6.	Inspektion	nein	nein	?	Wart.	ja	Keine Prozedur/Zeitplan
7.	Vorausschauende Instandhaltung	✓	✓	50%	Engr.	ja	Möchte die Wart.-Abt. durchführen
	Etc.						
a)	Geschätzter Zeitaufwand für Störungsbehandlung			80%			Verringern!
b)	Geschätzter Zeitaufwand in % für PM/PDM-Arbeit			5%			Zu gering
c)	Geschätzter Zeitaufwand für weitere geplante Instandhaltung			15%			Mehr erforderlich
	Gesamt			100%			

© International TPM Institute, Inc.

Abbildung 26

Das Ziel ist, wie bei der Analyse der Fähigkeiten, jedes Defizit zu ermitteln und zu quantifizieren, auf das dann als Teil der TPM-Installation eingegangen werden sollte. Ein organisierter Weg zu dieser Bewertung wird in Abbildung 26 dargestellt. Er ist ebenfalls auf die Betriebsanlagen bezogen, da verbesserte Maschinenwartung und Maschinenleistung die Hauptziele von TPM sind. Entwickeln Sie ein Formular, das zu Ihren Betriebsanlagen und Ihren gegenwärtigen (oder geplanten) Aufgaben paßt. Die Instandhaltungsabteilung muß sich an dieser Bewertung beteiligen.

b) Geplante Instandhaltung

Basierend auf der soeben abgeschlossenen Bewertung der Instandhaltung ist es recht einfach, für jede Maschine eine zu planende Instandhaltung auszuarbeiten. Dies mag einen höheren Prozentsatz an Erfüllung der bereits durchgeführten PM-Aktivitäten, Empfehlungen für zusätzlich benötigte Checklisten, Zeitpläne und Berichte und das Hinzufügen von gegenwärtig nicht durchgeführten Aufgaben beinhalten. Diese Aufstellung muß nicht vollständig sein, gibt Ihnen aber gute Hinweise darauf, welche Aktivitäten unter TPM notwendig werden. Hier werden außerdem erste Gelegenheiten für eine vermehrte Beteiligung des Anlagenpersonals erkennbar.

c) Engagement für PM

Ein geringer Prozentsatz an PM-Erfüllung zeigt oft einen Mangel an Engagement für PM selbst an. Es besteht oft ein ziemlicher Unterschied zwischen Lippenbekenntnis und Engagement. Gibt es spezielles Personal, das sich nur der PM widmet? Oder wird die Instandhaltungsabteilung völlig mit Krisensituationen überschüttet? Gibt es PM-Kontrollen, die die Ausführung von PM überwachen? Ist das System vollständig? Wenn geringes PM-Engagement und PM-Erfüllung vorhanden ist, dann zeigt das einen dringenden Bedarf an TPM-PM an.

d) Maschinenlogbücher

Stellen Sie fest, ob Maschinenlogbücher verfügbar sind, zumindest für Ihre wichtigen Maschinen. Wenn ja, in welcher Form liegen sie vor, und werden sie für die Analyse der Maschinen bei wiederholten Ausfällen gebraucht?

e) Management der Instandhaltung

Die folgenden Punkte sollten kurz abgeschätzt und beurteilt werden:

❏ Verfahren der Instandhaltungsanforderung

❏ System der Arbeitsanweisungen bzw. Aufträge

❏ Planung und Zeitplanung

❏ Benutzung von Standards oder Abschätzungen

❏ Inventursystem und Lager

❏ Instandhaltungskontrolle und Berichte

❏ Benutzung von Computersystemen

Ein gutes Managementsystem für die Instandhaltung ist mit oder ohne TPM für eine effiziente und produktive Durchführung und Kontrolle der Instandhaltung essentiell.

f) Organisation der Instandhaltung

Dokumentieren Sie die gegenwärtige Organisation und den Personalstand für die Instandhaltung, in erster Linie, um sie in die Basisdokumentation einzubeziehen.

4. Ermitteln des Standes der Haushaltsführung

Haushaltsführung, Produktivität und Qualität hängen direkt zusammen. Ein schmutziger Betrieb mit schmutzigen Betriebsanlagen und ohne Disziplin wird kein Hochqualitätsprodukt mit hoher Produktivität produzieren. Wie würden Sie Ihr Unternehmen im Vergleich zu anderen sehen? Sind die Werkshallen sauber, die Gänge markiert und frei? Gibt es überall Dreck und Ölflecken, auch auf der Bekleidung der Wartungsleute (und manchmal der Bediener)? Eine Beurteilung dieser Faktoren wird in Ihrem Betrieb den Blick hierfür schärfen. Vielleicht müssen Sie sich vor oder zu Beginn von TPM mit der Haushaltsführung im Werk befassen.

5. Bewerten der Unternehmenskultur

Unternehmenskultur und Betriebsklima werden einen Einfluß auf den Erfolg von TPM haben. Existieren Teams? Funktionieren sie? Gibt es in Ihrem Betrieb einen Teamgeist, ein hohes Maß an Kooperation? Wissen die Manager, was das Wort »Empowerment« bedeutet? Können Sie ein Maß an Enthusiasmus, an Engagement der Mitarbeiter fühlen. Gibt es einen Standard für vorzügliche Leistung, Qualitätsziele, wie etwa Q1 bei Ford, Six Sigma bei Motorola usw.? Was bedeutet »Weltklasse« für Ihre Angestellten?

Die Antworten auf diese Art von Fragen wird Ihnen ein gutes »Gefühl« für die Unternehmenskultur in Ihrem Betrieb geben. Wenn die meisten Antworten negativ sind, dann brauchen Sie einen »zündenden Funken«, der von TPM geliefert werden kann; aber es bedarf zusätzlicher motivierender Arbeit. Wenn die Antworten positiv sind, dann wird TPM genau passen.

6. Ausarbeiten von Kosten, Gewinn und ROI

Dieser Schritt ist immer seltener notwendig, weil das Topmanagement sich gewöhnlich vor der Präsentation der Machbarkeitsstudie des Bedarfs an TPM und der Gewinne daraus ganz bewußt ist. Es ist jedoch noch immer empfehlenswert, die Kosten und Gewinne abzuschätzen, um Ziele für eine TPM-Installation festzusetzen.

Die Kosten beinhalten folgendes:

- ❏ Schulungszeit
- ❏ Entwicklung von Schulungsmaterial
- ❏ Kosten für die Verbesserung der Betriebsanlagen (in der Machbarkeitsstudie schwer abzuschätzen)
- ❏ Kosten für das TPM-Personal (Stab)
- ❏ Kosten für Arbeitssitzungen (während TPM-EM)
- ❏ Public Relations (PR) für TPM

Die Gewinne beinhalten folgendes:

- ❏ Kostenreduktion
- ❏ Verbesserung der Produktivität
- ❏ Reduktion der Stillstandszeiten
- ❏ Aufschub des Ankaufs neuer Maschinen
- ❏ weniger Ausschuß und geringere Arbeitswiederholungen

Teilen Sie die jährlichen TPM-Gewinne durch die jährlichen TPM-Kosten, um den ROI zu berechnen. Der Gewinn beträgt zum Beispiel 500.000 DM, die Kosten (Investitionen) betragen 200.000 DM; der ROI ist gleich 250 Prozent.

7. Dokumentation der Grundlinie

Dieser Bericht dokumentiert Ihre »gegenwärtige Situation« und dient als eine *Grundbezugslinie,* gegen die Sie Ihren Fortschritt und Verbesserungen messen. Überraschenderweise wird dieser Schritt oft vergessen, was es sehr schwierig macht, in zwei oder drei Jahren Ihre wesentlich bessere Situation zu berechnen oder zu demonstrieren.

Alle Daten für dieses Dokument sind während der Machbarkeitsstudie erarbeitet worden. Die Dokumentation der Grundlinie ist eine Zusammenfassung, eine grafische oder tabellarische Darstellung folgender Daten:

a) Effektivität und Verluste der Betriebsanlagen (Abteilungen, Werk)

b) Ausnutzung und Produktivität der Betriebsanlagen

c) Zustand der Betriebsanlagen

d) Analyse der erforderlichen/verfügbaren Fähigkeiten

e) gegenwärtiges Niveau der Fähigkeiten (gesamt)

f) Grad der Motivation

g) Personalwanderung

h) gegenwärtige Instandhaltung

i) geplante Instandhaltung

j) Instandhaltungsmanagement

k) Instandhaltungsorganisation

l) Werksführung

m) Unternehmenskultur

Organisation einer Machbarkeitsanalyse

Es ist offensichtlich, daß diese Analyse einige Ressourcen und Zeit beansprucht. Die beste Methode ist, *ein Team* für die Machbarkeitsanalyse zu bilden, das sich aus Repräsentanten des ganzen Betriebs zusammensetzt, oder zumindest all derjenigen Abteilungen, für die die Einführung von TPM geplant ist. Abhängig von der Größe Ihrer Abteilungen könnte ein Team je Abteilung angebracht sein. Das Team (oder die Teams) für die Machbarkeitsstudie werden nach Abschluß der Studie *aufgelöst*. Die Mitglieder kehren wieder vollzeit zu ihren regulären Arbeitsaufgaben zurück und werden in der Regel maßgebliche TPM-Befürworter innerhalb ihrer jeweiligen TPM-Kleingruppe (CATS).

Es ist gewöhnlich besser, ein großes Team mit Teilzeitmitgliedern zu haben als ein kleines Vollzeitteam. Es ist einfacher, sich jemanden für acht bis sechzehn Stunden in der Woche »auszuleihen« und Sie werden mehr »Missionare« im Betrieb haben, wenn man mit der TPM-Installation beginnt.

Die empfohlene Mindestgröße für das Team ist:

❏ zwei Bediener

❏ zwei Instandhaltungsleute

❏ ein Ingenieur

❏ ein Teamleiter
(gewöhnlich ein Ingenieur oder Gruppenleiter)

Dieses Team wird unterstützt von:

❏ TPM-Manager

❏ Personalabteilung

❏ Technik

❏ TPM-Berater (wenn angebracht)

Wenn Ihr Betrieb einen Betriebsrat hat, dann ist es sehr empfehlenswert, die Betriebsräte einzuladen, sich an der Machbarkeitsstudie zu beteiligen. In der Regel wird dann jemand von der Betriebsratsleitung an der Schulungssitzung teilnehmen, an einigen Teamsitzungen und natürlich dann, wenn dem Management die Ergebnisse der Studie präsentiert werden.

Für gewöhnlich werden die Gruppenmitglieder vom Management ausgewählt, aber sie nehmen auf freiwilliger Basis teil. Stellen Sie sicher, daß sie genug über TPM wissen, bevor Sie sie bitten, sich zu beteiligen.

Durchführung der Machbarkeitsanalyse

Der erste Schritt zur Machbarkeitsanalyse besteht darin, die Gruppenmitglieder in all den Aktivitäten, die sie während der Studie ausführen werden, *zu schulen*. Sehr häufig wird hierfür ein TPM-Berater herangezogen. Beginnen Sie mit einer Erläuterung von Zweck, Inhalt, Organisation, Zeitplan und anderen Details der Studie. Die Schulung und die Übung, wie die OEE-Analyse durchgeführt wird, dauert ungefähr einen Tag.

Es ist empfehlenswert zu Beginn der Studie zwei ganze Tage einzuplanen, um das Team richtig auszubilden. Berücksichtigen Sie ausreichende praktische Übungen, machen Sie die Aufgabenzuweisung und erfassen Sie alle zu erledigenden Aufgaben, einschließlich der Erklärung aller zu benutzenden Formulare. Diese Phase wird das Team »in Gange setzen«.

Erarbeiten Sie das Vorgehen, bevor Sie mit der eigentlichen Studie beginnen. Der Betriebsrat sollte zuerst über die üblichen Wege informiert werden. Die Angestellten sollten von einem Teammitglied oder dem Teamleiter informiert werden. Erklären Sie, worum es bei der OEE-Analyse geht (um die Maschinen!) und fordern Sie den Bediener der Maschine auf, sich daran zu beteiligen, die während der Studie auftretenden Verluste zu identifizieren. Der Vorarbeiter in diesem Bereich muß informiert werden, bevor Gruppenmitglieder erscheinen, die seine/ihre Maschinen untersuchen und eine Stoppuhr benutzen, um die Verluste der Maschine zu messen.

Bevor sich das Team mit OEE und anderen Analysen beschäftigt, identifizieren Sie die Maschinen, die Sie untersuchen werden. Wenn Sie fünf identische Maschinen haben, müssen vielleicht nur zwei oder drei untersucht werden; die beste, die schlechteste und eine durchschnittliche. Es ist jedoch unvorstellbar, wie oft *identische* Maschinen mit demselben Alter weit voneinander abweichende OEE-Ergebnisse haben.

Wenn erst einmal die Maschinen identifiziert sind, dann können Sie die Aufgaben zuteilen. Es ist besser, die Gruppenmitglieder den Maschinen zuzuteilen, die ihnen bekannt sind; das macht es einfacher, Verluste und deren Ursachen festzustellen und zu identifizieren. Jedes vollständige Arbeitsblatt sollte täglich bei demjenigen Gruppenleiter eingereicht werden, der in der Regel die Daten in den Computer eingibt, um die OEE-Berechnungen und die Zusammenfassung durchzuführen.

Ein Zeitplan sollte erstellt werden, der dazu dient, die Durchführung und den Fortgang der Studie zu planen und zu kontrollieren. Ein Beispiel wird in Abbildung 27 gezeigt. Die notwendige Gesamtzeit variiert, abhängig von der Größe des Teams und der Größe (Anzahl der Maschinen) des Betriebs oder der Abteilung. Ein Zeitraster von acht Wochen hat sich

Zeitplan für die Machbarkeitsanalyse

Aktivität	1	2	3	4	5	6	7	8
					Wochen			
Schulung/Praxis	■							
OEE-Beobachtung	▬▬▬▬▬▬▬▬▬							
Grundanalyse		▬▬▬▬▬▬▬▬▬▬▬▬▬						
Analyse der heutigen Instandhaltung			▬▬▬▬▬▬▬▬▬					
Bildung kleiner Gruppen				▬				
Anlagenzustandsanalyse				▬▬▬▬▬▬▬▬▬				
Feststellung der erforderlichen Kenntnisse und Fähigkeiten					▬▬▬▬▬▬▬▬▬			
Welche Fähigkeiten sind verfügbar					▬▬▬▬▬▬▬▬▬			
Vorgeschlagene Instandhaltung					▬▬▬▬▬▬▬▬▬			
Bericht schreiben						▬ ▬▬		
Bericht vorlegen								■

Abbildung 27

jedoch als ideal herausgestellt, wobei genug Zeit gegeben ist, die Formulare (wie etwa bei der Zustandsanalyse der Maschinen) auszufüllen, zurückzugeben und zu analysieren.

Wenn es in Ihrem Unternehmen ziemlich sicher ist, daß TPM installiert wird, dann ist es sehr ratsam, während der Machbarkeitsstudie verschiedene TPM-Kleingruppen zu bilden und diese dann die Zustandsanalyse der Maschinen fertigstellen zu lassen. Diese erste Berührung mit TPM und die damit zusammenhängende Konzentration auf ihre Maschinen, trägt gewöhnlich dazu bei, den Bedarf für TPM zu demonstrieren; und der Prozeß zum Aufbau von Motivation hat begonnen.

Die Teams für die Machbarkeitsanalyse sollten sich mindestens einmal die Woche treffen, um den Fortgang zu besprechen, Probleme zu diskutieren und die nächsten Schritte zu planen. Ungefähr zur Halbzeit der Studie sollten die Teammitglieder anfangen, über den Bericht und darüber, wer welchen Teil davon erarbeiten wird, nachzudenken.

Bericht über die Machbarkeitsstudie und seine Präsentation

In der Machbarkeitsstudie werden so viele neue und häufig aufsehenerregende Daten ausgearbeitet, daß die Präsentation des Berichts beim Management häufig zu einem wichtigen Ereignis wird. Dieses Meeting wird oft zum Startschuß für TPM, da es absolut keine Zweifel daran gibt, daß TPM dringend benötigt und die erhofften Ergebnisse bringen wird.

a) Abfassen des Berichts

Alle Gruppenmitglieder sollten sich an der Erstellung des Berichts beteiligen; aber es ist gewöhnlich der Teamleiter, unterstützt von TPM-Manager, der hierfür verantwortlich ist.

Der Bericht sollte wie folgt strukturiert sein:

1) Titelseite, einschließlich Datum
2) Inhaltsverzeichnis
3) Managementzusammenfassung (zwei Seiten maximal)
4) Ziel der Studie
5) Einführung, einschließlich Liste der Teammitglieder
6) TPM-Vision und -Ziele
7) angewandte Methoden (Vorgehensweise u. Zeitplanung)
8) Zusammenfassung der Ergebnisse
   (siehe Dokumentation der Grundlinie)
9) typische Beispiele
10) andere Beobachtungen, einschließlich der Befragungsergebnisse
11) Schlußfolgerung
12) Empfehlungen
13) Anhang
    a) Details der Betriebsanlagenanalyse (OEEs, Verluste, Zustand)
    b) Rechenformeln
    c) OEE-Analyseformular (Beispiele)
    d) Formular für die Zustandsanalyse der Betriebsanlagen (Beispiele)
    e) Fehlermeldeblatt
    f) Details der Fähigkeitenanalyse
    g) Formular für benötigte/verfügbare Fähigkeiten
    h) Details zum gegenwärtigen Niveau der Fähigkeiten (je Maschine/Abteilung)
    i) Skala der Fähigkeiten
    j) Details zum Motivationsgrad (aus Befragungen)
    k) Details zur gegenwärtige Instandhaltung
    m) Details zur geplanten Instandhaltung
    n) Diagramm zur Instandhaltungsorganisation
    o) Details zur Bewertung der Werksführung
    p) Details zur Bewertung der Unternehmenskultur

Der gedruckte Bericht, der dem Topmanagement präsentiert wird, enthält gewöhnlich die Punkte 1 bis 12 und nur sachdienliche, unterstützende Beispiele im Anhang. Der vollständige Bericht kann recht voluminös werden und wird von TPM-Personal, Instandhaltung und den Managern der Produktion genutzt sowie die geeigneten Abschnitte von den TPM-Kleingruppen.

b) Präsentation beim Management

Dies hat sich in vielen Unternehmen als ein wichtiges Ereignis erwiesen, an dem bis zu 40 Leute teilnahmen. Da TPM einen solchen Einfluß auf das Unternehmen hat, sind *alle* Manager anwesend. Selbstverständlich ist das gesamte Team der Machbarkeitsstudie dabei, dazu Vertreter des Betriebsrats. Planen Sie ungefähr zwei Stunden für dieses Treffen ein und kündigen Sie es weit im voraus an, damit es jeder in seinem Kalender notieren kann.

In der Regel werden die Abschnitte 4 bis 12 des Berichts mit Overheadfolien vorgestellt. Oft stellt der TPM-Manager die Abschnitte 4 und 6 vor, der Leiter des Machbarkeitsanalyseteams die Abschnitte 5, 7 und 8. Alle oder die meisten Gruppenmitglieder sollten sich bei der Präsentation des Abschnitts 9 (typische Beispiele aus den von ihnen untersuchten Bereichen) abwechseln. Dies ist häufig recht dramatisch, weil Bediener und Instandhaltungsleute, von denen einige noch nie öffentlich vorgetragen haben, sich an den Vorstandsvorsitzenden des Unternehmens oder den Geschäftsführer des Betriebs wenden, den sie möglicherweise noch nie zuvor persönlich getroffen haben. Ihre Präsentationen sind gewöhnlich sehr eindrucksvoll und sie kommen klar und deutlich zum entscheidenden Punkt.

Manchmal beginnen die Teams der Machbarkeitsstudie TPM-EM zu praktizieren, weil ihre Analysen unmittelbare

Verbesserungsmöglichkeiten zeigen, die einfach zu gut sind zum Weiterreichen oder Verschieben. Manche Teams haben Verbesserungsprojekte im Wert von hunderttausenden Mark vorgestellt (oder sogar abgeschlossen). Oft wurden diese Projekte auf der Stelle genehmigt.

Die acht Teams, die 1994 bei SATURN (eine General Motors Fabrik im Tennessee) die TPM-Machbarkeitsstudie durchführten, fanden insgesamt über 16 Millionen DM unmittelbares Verbesserungspotential, wovon einige Millionen bereits bei der Präsentation der Studie realisiert wurden! Dieses Unternehmen hat also die Kosten für die TPM-Einführung erwirtschaftet, bevor die TPM-Installation richtig begonnen wurde.

Der Teamleiter stellt die Abschnitte 10 bis 12 vor, immer mit der zwingenden Empfehlung, mit der Installation von TPM fortzufahren. Gewöhnlich genehmigt das Management die Installation von TPM, wenn es dies nicht bereits vor der Machbarkeitsanalyse getan hat.

11

Die TPM-Installation

Die TPM-Installation besteht aus drei verschiedenen Phasen:

I   Planung und Vorbereitung der Installation
II Pilotinstallation
III Werksweite Installation

Phase I:
Planung und Vorbereitung der Installation

Dies ist eine entscheidende Phase, die einen großen Einfluß darauf hat, ob Ihre TPM-Installation glatt abläuft oder ob es ein Kampf werden wird. Wie festgestellt wurde, dauert eine ungeplante Wartungsaufgabe doppelt so lange wie eine geplante; dasselbe trifft auch auf eine TPM-Installation zu.

Wenn Sie jedoch eine vollständige und erfolgreiche Machbarkeitsstudie durchgeführt haben, dann sollte die Planung und Vorbereitung Ihrer Installation recht einfach sein und nicht zu viel Zeit brauchen. Abhängig von Ihrer Organisationsgröße ist ein Zeitraster von acht bis sechzehn Wochen üblich. Viele Schritte der Installationsplanung können sogar während der Machbarkeitsstudie durchgeführt werden.

Die typischen Schritte der Planungs- und Vorbereitungsphase sind die folgenden:

Schritt 1:
Erarbeiten einer Installationsstrategie

Schritt 2:
Erarbeiten und Einrichten der TPM-Organisation

Schritt 3:
Erarbeiten der TPM-Vision, TPM-Strategie und TPM-Politik

Schritt 4:
Erarbeiten der Ziele von TPM

Schritt 5:
Vermitteln von Informationen und Schulung zu TPM

Schritt 6:
Durchführen von Public Relations (PR)

Schritt 7:
Erarbeiten des TPM-Gesamtplans

Schritt 8:
Erarbeiten des Plans für die Pilotinstallation

Schritt 9:
Erarbeiten detaillierter Pläne für die weiteren Installationen

Schritt 10:
Präsentation beim Management

Schritt 1:
Erarbeiten einer Installationsstrategie

Die Analyse der Unternehmenskultur, Betriebsklima, Niveau der Fähigkeiten und Ausbildung, Grad der Motivation und, ganz besonders, die *Bedürfnisse* Ihrer Betriebsanlagen und Produktion werden Ihre Installationsstrategie bestimmen. Hier erarbeiten Sie die *Reihenfolge* bei der Installation. Sie könnten, zum Beispiel, zuerst TPM-EM, gefolgt von TPM-PM und schließlich TPM-AM durchführen.

Die obige Reihenfolge bei der Installation funktioniert in den meisten, bereits existierenden westlichen Betrieben am besten, da es der »Weg des geringsten Widerstands« zu sein scheint. Zudem besteht gewöhnlich ein Bedarf, manchmal ein dringender Bedarf, die Betriebsanlagen schnell zu verbessern. Ein starker Impuls, zusammen mit einem wesentlichen Produktivitätsgewinn, kann frühzeitig im Programm erreicht werden, wenn mit TPM-EM begonnen wird und somit der Weg für die anderen TPEM-Komponenten leichter gemacht wird.

Ein neuer Betrieb (produktionsbereit mit neuen Maschinen und neuen Mitarbeitern) sollte mit TPM-AM und TPM-PM beginnen und TPM-EM später hinzufügen. Manchmal ändern sich die Arbeitsbeschreibungen für die einzustellenden Bediener, nachdem das Management beschlossen hat, TPM einzuführen, um die andersartige Funktion eines »TPM-Bedieners« zu berücksichtigen. Es besteht auch ein Bedarf, ein gutes PM-System frühzeitig zu entwickeln (was manchmal übersehen wird), um sicherzustellen, daß die Betriebsanlagen in einem perfekten Zustand bleiben. Mit der richtigen Strategie wird die gesamte routinemäßige PM, zusammen mit der Reinigung, Schmierung und Überprüfung im neuen Betrieb von den Bedienern völlig autonom durchgeführt.

In asiatischen Ländern, zum Beispiel in Japan, scheint es leichter zu sein, mit TPM-AM zu beginnen, da die Bediener anscheinend bereitwilliger den Anordnungen des Managements folgen und auf das »strengere« Konzept der fünf S's und der autonomen Instandhaltung ansprechen.

Zusätzlich zu der Reihenfolge bei der Installation müssen die *Prioritäten* in Ihrer Strategie bedacht werden. Es ist unwahrscheinlich, daß Sie in der Lage sein werden, TPM gleichzeitig in allen Werksbereichen zu installieren. Berücksichtigen Sie die Bedürfnisse Ihrer Betriebsanlagen und der Produktion und führen Sie sich vor Augen, daß eine frühzeitige Verbesse-

TPM-Entwicklung
(Ablauf und Organisation)

Ablauf | Organisation

- Information des Managements
- Entscheidung über die Fortsetzung
- Machbarkeitsanalyse
- Bericht/Freigabe
- Planung/Vorbereitung der Installation
- Pilotinstallation
- Bericht/Endabnahme/Freigabe
- Werksweite TPM-Installation

Organisation:
- Werksseitiger TPM-Champion
- TPM-Manager/Koordinator
- Werksseitiger TPM-Lenkungsausschuß
- Team für die Machbarkeitsanalyse (zeitweise)
- TPM-Stab / Schulungsabteilung
- TPM (Pilot) kleine Arbeitsgruppen
- Abt./Bereich (Pilot) TPM-Ausschuß
- Kleine TPM-Arbeitsgruppen
- Abt./Bereich TPM-Ausschüsse
  - ❏ 5–11 Mitarbeiter
  - ❏ Bedienungspersonal
  - ❏ Instandhaltung
  - ❏ Engineering
  - ❏ Vorarbeiter

Abbildung 28

rung von »Engpaßmaschinen« den Durchlauf des gesamten Betriebs verbessern wird.

Prioritäten können auch durch die einfache Tatsache festgelegt werden, daß in einigen Bereichen (oder Abteilungen) Ihres Betriebs die Bediener und das Instandhaltungspersonal ganz bereit und motiviert für TPM sind, während andere Bereiche es möglicherweise noch nicht sind.

Schritt 2:
Erarbeiten und Einrichten der TPM-Organisation

Die Abbildung 28 zeigt den Ablauf der TPM-Entwicklung und die Organisation, die für die Durchführung und Unterstützung der Installation notwendig ist. Wie früher diskutiert wurde, ist die Schlüsselfunktion die des *TPM-Managers*, in einigen Unternehmen auch TPM-Koordinator genannt. Diese Position sollte eingerichtet und besetzt werden, sobald das Management beschlossen hat, TPM in Angriff zu nehmen, oder zumindest vor dem Beginn der Machbarkeitsstudie.

Der typische Manager ist ein Ingenieur oder Manager mit einiger Erfahrung in Wartung *und* Produktion. Diese Person sollte gut leiten und motivieren können, muß sehr kommunikativ sein und mit allen Mitarbeitern des Unternehmens zurechtkommen. Die Auswahl des TPM-Managers ist vielleicht die wichtigste Entscheidung bei der TPM-Entwicklung, da diese Funktion einen unmittelbaren Einfluß auf die Qualität und den Erfolg Ihres TPM-Programms hat.

Der TPM-Manager berichtet gewöhnlich dem *TPM-Champion*, bei dem es sich um einen hochrangigen leitenden Angestellten der Fertigung handeln sollte, wie etwa dem Leiter der Fertigung, dem sowohl die Fertigung als auch die Instandhaltung berichten. Der TPM-Champion hat die Führungsverantwortung für die TPM-Entwicklung in Ihrem Werk und berichtet dem TPM-Champion der Sektion oder des Unternehmens, falls vorhanden.

Es ist sehr anzuraten, frühzeitig den *TPM-Lenkungsausschuß des Betriebs* zu gründen. Dieses Gremium repräsentiert das Management und empfängt die Berichte des TPM-Champions und/oder des TPM-Managers. Die Mitglieder dieses Gremiums sollten der Geschäftsführer, der Herstellungsleiter, der Betriebsleiter, der Personalleiter, der Leiter der Instandhaltung, der TPM-Champion (wenn er nicht unter den genannten ist) und der TPM-Manager sein. Ihr Unternehmen kann andere oder zusätzliche Funktionsbereiche oder Titel haben. Normalerweise ist auch der Vorsitzende des Betriebsrats im TPM-Lenkungsausschuß vertreten.

Das *Team der Machbarkeitsstudie* wurde früher diskutiert. Während der Studie wird es vom TPM-Manager unterstützt und später aufgelöst.

Nachdem die Entscheidung getroffen wurde, die TPM-Installation durchzuführen, wird gewöhnlich, abhängig von der Größe des Betriebs, der TPM-Stab eingerichtet. Dieses Personal (dem Mitglieder des Teams der Machbarkeitsstudie angehören können) wird den TPM-Manager bei der Planung, der Schulung und anderen Aufgaben während der Planungs- und Vorbereitungsphase der Installation unterstützen. Später wird die Arbeitsgruppe an der Durchführung der gesamten TPM-Installation beteiligt sein, allen TPM-Kleingruppen assistieren, Schulungen abhalten und mit den TPM-Bereichskomitees zusammenarbeiten usw.

Abbildung 29 zeigt »TPM-Aufgabenbeschreibungen«, eine detailliertere Liste aller Funktionen der verschiedenen Per-

TPM-»Aufgabenbeschreibungen«

Topmanagement

- Werksseitiger TPM-Lenkungsausschuß
- Werksseitiger TPM-Champion

Mittleres Management

- Abt./Bereichs-TPM-Ausschuß
- TPM-Manager/Koordinator

Betriebsebene

- Kleine TPM-Arbeitsgruppen
- TPM-Personal

Werksseitiger TPM-Lenkungsausschuß:
- Für Orientierung und Führung sorgen
- Ziele setzen
- TPM-Vision, Strategie und Taktik entwickeln
- Unterstützen der TPM-Installation durch finanzielle und personelle Förderung
- Fortschritts- und Erfolgskontrolle im Rahmen der Installation
- Unterstützung durch Werbung (Anzeigen, Artikel etc.)

Werksseitiger TPM-Champion:
- Leitung der TPM-Installation
- Für ein gutes Verhältnis zu Topmanagement und Firma sorgen
- Support für das TPM-Personal sicherstellen

Abt./Bereichs-TPM-Ausschuß:
Umsetzen der TPM-Installation
  ☐ TPM-EM
  ☐ TPM-PM
  ☐ TPM-AM

TPM-Manager/Koordinator:
- Planen und Unterstützen der TPM-Installation
- Erarbeiten und Durchführen von TPM-Schulungen
- Assistenz bei der Entwicklung und der Durchführung von Schulungen zur Personalqualifizierung
- Sicherung des Know-hows
- Für TPM werben
- Fortschritt und Erfolg messen und berichten
- Für gute Verbindungen sorgen

Abbildung 29

sonal- und Linienorganisationen, die Ihre TPM-Installation unterstützen oder durchführen.

Bevor Sie mit der Pilotinstallation beginnen, müssen die *TPM-(Pilot)Kleingruppen* (oder CATS) eingerichtet werden. Diese Gruppen (in Kapitel 9 ausführlicher besprochen) werden die tatsächliche TPM-Installation in Ihrem Pilotbereich ausführen.

Diese Teams werden von ihrem eigenen *TPM-(Pilot)Bereichskomitee* unterstützt, das für diesen Bereich als beratende Gruppe und Entscheidungsträger fungiert. Das Komitee setzt sich gewöhnlich aus dem Bereichs- oder Abteilungsleiter, dem Wartungsleiter (oder dem Bereichsvorarbeiter), dem TPM-Manager (oder einem Mitglied des TPM-Stabs), einem Ingenieur dieses Bereichs und je einem Vertreter der Bediener und des Instandhaltungspersonals zusammen. Dieselbe Organisation gilt später während der werksweiten TPM-Installation für alle *TPM-Abteilungs- oder Bereichskomitees*, die manchmal Lenkungsausschuß genannt werden.

Während Ihrer TPM-Installation und später wird es viele *TPM-Kleingruppen* (CATS) geben. Dies sollten »natürliche« Gruppen sein, die zu einer Maschine, Zelle oder einem Teil einer Bandstraße »gehören«. Sie werden alle TPM-Aufgaben ausführen, entsprechend der Reihenfolge und dem Plan Ihrer Installation. Sie geben sich gewöhnlich einen Namen und entwickeln einen starken Teamgeist. Diese Teams werden später umfassender diskutiert.

Es ist sehr wichtig, daß alle Arbeitsgruppen und Positionen wie skizziert eingerichtet werden. Ihre TPM-Installation wird sich verzögern, wenn die Organisation, von der sie unterstützt werden soll, dann, wenn sie gebraucht wird, nicht vorhanden ist.

Schritt 3:
Erarbeiten der TPM-Vision, TPM-Strategie und TPM-Politik

Bevor man »in die Öffentlichkeit« geht, ist es notwendig, sich eine TPM-Vision und eine Strategie erarbeitet und die TPM-Politik festgelegt zu haben. Die Vision sollte breit angelegt und ehrgeizig sein und reflektieren, auf welchem Stand Ihr Unternehmen in fünf oder zehn Jahren zu sein wünscht. Sie ist oft verknüpft mit »Weltklassehochleistung«, Qualität, Partnerschaft oder ähnlichen Schlagwörtern und kann einen Slogan enthalten, der während der TPM-Promotion genutzt werden kann. Die TPM-Vision wird erarbeitet von dem TPM-Lenkungsausschuß, basierend auf den Vorschlägen des TPM-Managers oder TPM-Champions.

In großen Gesellschaften, wo in vielen oder allen Niederlassungen geplant ist, TPM zu übernehmen, ist es ratsam, eine gesellschaftsweite TPM-Vision und Politik herauszugeben, um eine Richtlinie für alle Sektionen und Niederlassungen zu setzen. Ein ausgezeichnetes und lobenswertes Beispiel ist die Ford Motor Company, wo das Grundsatzrundschreiben Nr. 18, unterzeichnet vom Vorstandsvorsitzenden Mr. H. A. Poling, die Vision und das Ziel festlegte mit »Erreichen und Erhalten von Weltklasseleistung in der Fertigung« durch TPM (Abb. 30).

Solch eine Grundsatzerklärung dient in allen Betrieben als ein klares Signal, daß das Topmanagement der Gesellschaft den Wert von TPM erkannt hat, eine Zusage gemacht hat und die Durchführung von TPM in allen Werken, Tochtergesellschaften und angegliederten Unternehmen nach Kräften fördern und unterstützen wird.

Das entbindet jedoch nicht alle Niederlassungen davon, ihre eigenen TPM-Ziele zu erarbeiten, ganz im Gegenteil. Die be-

Ford

Grundsatzerklärung Nr. 18   15. Juni 1992

Thema: TPM bei Ford

Diese Grundsatzerklärung stellt das Konzept von TPM bei Ford vor – eine Firmenphilosophie und Methode zur Prozeßverbesserung, durch die Sicherheit, Effektivität und Lebensdauer der Betriebsanlagen maximiert werden bei gleichzeitiger Unterstützung weiterer Ziele hinsichtlich der Herstellung und der Produktqualität. Diese Philosophie und diese Methode sollen Mission, Werte und Führungsprinzipien unseres Unternehmens sowie das Konzept von der allgemein herausragenden Produktqualität vervollständigen.

Das Ziel von TPM bei Ford ist die Verbesserung unserer Konkurrenzfähigkeit in jedem Bereich, indem eine herausragende Weltklasseleistung in der Herstellung erreicht und beibehalten wird. Die vollständige und dauerhafte Zustimmung sowohl des Managements als auch jedes einzelnen Angestellten des Unternehmens zur Durchführung von TPM ist für die Realisierung dieses Ziels unabdingbar. Dies ist insbesondere wichtig, weil die Erfahrungen in anderen Unternehmen darauf hindeuten, daß es drei bis fünf Jahre dauern kann, bis dieses Verfahren vollständig implementiert ist.

Die fundamentalen Elemente und Prinzipien von TPM bei Ford sind:

* Eine signifikante Verbesserung der Abläufe in Betrieb und Instandhaltung der Anlagen und Maschinen im gesamten Unternehmen bei gemeinsamer Mitwirkung von Betriebsrat, der ganzen Belegschaft und des Managements.
* Verbesserung der Produktqualität mittels einer Verbesserung der Kapazität und Zuverlässigkeit der Betriebsanlagen.
* Maximierung der gesamten Effektivität, Leistung und Sicherheit unserer Herstellungsprozesse, Systeme und Maschinen hinsichtlich der Produktivität, Produktqualität, Betriebsführung und Eliminierung aller Arten von Verschwendung und Verlusten (z.B. Maschinenausfälle, fehlerhafte Produkte, Ausschuß und Arbeitsunfälle).
* Erreichen einer optimalen Zuverlässigkeit und Lebensdauer der Maschinen und einer Kostenminimierung für Reparatur und Ersatz der Maschinen.

******

Der Präsident und Hauptgeschäftsführer, assistiert vom TPM-Entscheidungsgremium unter Vorsitz der stellvertretenden Geschäftsführer des Geschäftsbereichs Fahrzeuge, ist verantwortlich für die Interpretation und Ausführung dieser Grundsatzerklärung. Fords Tochtergesellschaften und angegliederte Unternehmen werden ermuntert, eine ähnliche Firmenpolitik zu übernehmen.

H. A. Poling
Vorstandsvorsitzender

Abbildung 30

sten Ergebnisse wurden dort erreicht, wo eine sorgfältige Machbarkeitsstudie durchgeführt wurde und sich das Sektions-, Werks- und Bereichsmanagement überzeugend für TPM ausgesprochen hat.

Die TPM-Strategie muß vom Lenkungsausschuß erarbeitet werden. Was sind in Ihrem Unternehmen die strategischen Ziele für die Fertigung? Kostenreduktion? Kapazitätserweiterung? Exzellente Qualität? Just-in-time-Fertigung? Sie können Ihre TPM-Entwicklung so strukturieren, daß sie Ihre Unternehmensstrategie unterstützt, was wiederum die Prioritäten und die Reihenfolge der TPM-Installation beeinflußt.

Bevor eine TPM-Schulung und Promotion stattfinden kann, muß der Lenkungsausschuß auch Grundsätze erarbeiten. Wenn die Mitarbeiter während der Machbarkeitsstudie erstmals etwas über TPM hören, werden eine Menge Fragen aufgeworfen. Wird die Teilnahme an einer Arbeitsgruppe obligatorisch sein? Wird TPM zu einer Verkleinerung der Belegschaft führen? Werde ich mehr verdienen, wenn ich meine Fähigkeiten verbessere und sich meine Arbeit ändert? Wenn ich kein gutes Gefühl dabei habe, »Instandhaltungsarbeiten« an meiner Maschine selbst durchzuführen, was dann? Bekommen wir eine finanzielle Belohnung, wenn wir (die CATS) für eine wesentliche Kostenreduktion sorgen?

Diese und viele andere Fragen (meistens zu sozialen Themen) müssen angesprochen worden und gelöst sein, bevor Ihre Angestellten informiert und geschult werden. Es ist empfehlenswert, daß die Teilnahme an TPM freiwillig ist. Angestellte, die in ein TPM-Team gezwungen werden, könnten eine negative Einstellung ausstrahlen, die einen bereits vorhandenen guten Teamgeist zerstört. In Japan wird eine Beteiligung von 80 Prozent als Erfolg angesehen. Um zur Beteiligung zu ermuntern, können Sie mitteilen, daß es aufgrund von TPM zu keiner Reduktion der Belegschaft, Rückstufungen oder Lohnsenkungen kommen wird. Das gilt natürlich nicht für den Fall, daß Ihr Geschäftsvolumen dramatisch abnimmt und zu Entlassungen zwingt.

Pläne zur »fähigkeitsorientierten Bezahlung« werden populärer und passen perfekt in ein TPM-Umfeld. Auch ohne einen solchen Plan gibt es in den meisten Unternehmen verschiedene Jobklassifizierungen, die manchmal ausgeweitet werden, um den während des TPM-Programms verbesserten Fähigkeiten der Bediener gerecht zu werden. Wie später noch diskutiert werden wird, sollte keine Aufgabe übertragen werden, wenn der Angestellte sich damit nicht wohl fühlt oder glaubt, sie nicht sicher ausführen zu können.

Sehr oft existiert ein Vorschlagssystem, das den Angestellten, die Ideen zur Produktivitätssteigerung erarbeiten, finanzielle Belohnungen in Aussicht stellt. Ein solches existierendes System kann durchaus verändert und erweitert werden, damit es den von Arbeitsgruppen entwickelten Verbesserungen entspricht.

Schritt 4:
Erarbeiten der Ziele von TPM

Mit einer guten Machbarkeitsstudie sollte dies relativ leicht sein, da Sie Ihre gegenwärtigen OEEs und Verluste kennen. Sehr oft wird ein Ziel von 85 Prozent OEE oder eine Verbesserung des gegenwärtigen OEE um 50 Prozent bestimmt. Es gibt eine Vielzahl anderer Ziele, die festgelegt werden sollten:

❏ Steigern der MTBF (mittlerer Abstand zwischen zwei Maschinenversagen) auf einen bestimmten Stand (Reduktion der Betriebsstörungen)

- ❏ TEEP-Steigerung auf einen bestimmten Stand
- ❏ Reduktion der Ausschußrate
- ❏ Verbesserung der PM-Erfüllung für jede Art der Dringlichkeit bis zu einem vorbestimmten Maß
- ❏ Erreichen eines bestimmten Prozentsatzes an TPM-Beteiligung (Anzahl der gegründeten Teams)
- ❏ Steigerung der Anzahl an Vorschlägen, die von Einzelpersonen und Teams gemacht werden
- ❏ Reduktion der Anzahl von Unfällen
- ❏ Reduktion der Montagezeiten bis auf einen bestimmten Stand
- ❏ Steigerung der durchschnittlichen Fähigkeiten bis zu einem bestimmten Punkt
- ❏ und weitere Ziele

Ihre Basisanalyse wird umfassende Gelegenheiten, Ziele festzusetzen, liefern. Erarbeiten Sie *Zieldaten* für jedes Ziel und zwar in realistischen Schritten und Stufen, nicht einfach ein globales Ziel, das in drei Jahren ereicht werden soll. Zu Ihrer auf den Daten basierenden TPM-Realisierung wird es gehören, die Fortschritte in jedem Bereich auf dem Weg zu den Zielen zu *messen*.

Schritt 5:
Vermitteln von Informationen und Schulung zu TPM

Dies gehört zum Thema »Ihre Organisation für TPM konditionieren«. In den meisten Werken bedeutet die Einführung von TPM eine ziemliche Änderung der Betriebskultur. Es ist wichtig, daß jeder, der davon betroffen ist, weiß, was TPM ist, wie es funktioniert und in welcher Weise es ihn betreffen wird.

Es gibt verschieden Stufen und Typen der TPM-Schulung und Information:

1. Schulung des Managements

2. Information der Angestellten

3. Schulung der Angestellten

Da die Zustimmung und die Unterstützung des Managements essentiell für den Erfolg von TPM ist, kommt der *Schulung des Managements* eine große Bedeutung zu. Häufig wird diese von einem TPM-Unternehmensberater durchgeführt, da niemandem im Werk bereits alle Aspekte von TPM bekannt sind oder die Vorgehensweisen, die von anderen Betrieben auf der Welt erfolgreich angewendet worden sind. Es ist entscheidend, daß eine »kritische Masse« von mindestens 50 Prozent des Managements TPM versteht und *unterstützt*. Die Erfahrung zeigt, daß annähernd alle Manager TPM unterstützen, wenn sie erst einmal klar verstanden haben, worum es dabei geht und was es bewirken kann. Manchmal erhält vor der Machbarkeitsstudie nur das Topmanagement des Betriebs eine TPM-Schulung und TPM-Informationen. In diesem Fall ist es wichtig, während dieser Vorbereitungsphase der Installation alle anderen Mitglieder des Managements bis hinunter zum Werksmeister oder Koordinator und den Gewerksschaftsfunktionären (falls Sie das nicht bereits getan haben) zu informieren und zu schulen.

In der Regel dauert diese Schulung einen halben bis einen Tag und wird in Form eines Seminars im Haus durchgeführt. Das Ergebnis der Machbarkeitsstudie und die inzwischen festgelegten Ziele und TPM-Grundsätze sollten in diese Schulung mit einbezogen werden.

Die grundsätzliche TPM-Information für Angestellte muß allen Maschinenarbeitern, Instandhaltungsmitarbeitern, Ingenieuren, Mitgliedern der Schulungs- und Personalabteilungen und anderen geeigneten Mitarbeitern übermittelt werden. Dies kann in Form eines kurzen Videobands, eines vorbereiteten Vortrags oder mit anderen Mitteln erfolgen. Diese Sitzungen finden normalerweise in Gruppen mit 20 bis 30 Personen statt und dauern eine Stunde. Die Präsentation sollte ungefähr eine halbe Stunde in Anspruch nehmen, damit eine halbe Stunde für Fragen und Diskussion bleibt. Gewöhnlich hält der TPM-Manager oder ein Mitglied des TPM-Stabs diese Informationsstunde ab, in Anwesenheit des betreffenden (und unterstützenden) Bereichsleiters. Wenn Sie gewerkschaftlich organisiert sind, ist die Anwesenheit eines Gewerkschaftsfunktionärs ebenfalls empfehlenswert.

Die *Schulung der Angestellten* muß in kleinen Gruppen erfolgen, wenn sie zum TPM-Start bereit sind. Diese Schulung ist detaillierter und schließt eine Beschreibung des TPEM-Prozesses und seiner Komponenten (EM, PM und AM) ein. Details der Machbarkeitsstudie, die geplante Vorgehensweise und die Reihenfolge der Installation, die unterstützende TPM-Organisation, die Ziele und Grundprinzipien und mehr sollten behandelt werden. Diese Schulung, ebenfalls vom TPM-Manager oder -Stab durchgeführt, dauert zwei bis drei Stunden (einschließlich Diskussion) und dient normalerweise als erster Schritt, um die Arbeitsgruppen in Gang zu bringen.

Dieser Informations- und Schulungsprozeß verbraucht den Großteil der Zeit einer typischen TPM-Planungs- und -Vorbereitungsphase. Es ist ein wichtiger Teil Ihrer TPM-Entwicklung und sollte nicht zu kurz kommen, da Sie dabei sind, eine neue Unternehmenskultur zu erarbeiten.

Schritt 6:
Durchführen von Public Relations (PR)

Zur Vorbereitung Ihres Betriebs auf TPM gehört, einige PR-Aktivitäten durchzuführen. Am verbreitetsten sind Artikel über TPM in der Unternehmens- oder Werkszeitung. Abbildung 31 zeigt einen von Bill Maggard 1986 geschriebenen Artikel, mit dem TPM bei der Tennessee Eastman Company (TEC) eingeführt wurde. Bill Maggard hatte sich angeschickt, die erste, umfangreichste und mit Abstand erfolgreichste TPM-Installation außerhalb Japans, vielleicht auch einschließlich Japans, zu leiten.

Eine weitere ausgezeichnete TPM-Einführung jüngeren Datums wurde von Andy Gill geschrieben, der TPM-Manager bei den zur Elektroniksektion von Ford gehörenden Enfield/Treforest-Werken (GB) ist. Diese Werke, beide gewerkschaftlich organisiert, haben eine ausgezeichnete und sehr schnelle Entwicklung gemacht, die folgenden Faktoren zuzuordnen ist: starke Unterstützung (und Herausforderung) durch die Gesellschaft und die Sektion; uneingeschränkte und enthusiastische Unterstützung durch den Bereichsleiter Paul Taylor; hervorragende Beteiligung der beiden lokalen Gewerkschaften; engagierte Leitung durch den TPM-Manager; eine erstklassige, von zwei fleißigen Teams durchgeführte Machbarkeitsstudie; ernsthaftes Engagement bei der TPM-Schulung; gute Planung der Installation und schließlich PR und Kommunikation auf hohem Niveau, wie der Zeitungsartikel beweist (Abb. 32).

Andere PR-Mittel sind Poster und Spruchbänder, die in Japan und anderen asiatischen Ländern weit verbreitet sind, nicht so sehr dagegen im Westen. Die Verwendung eines Schwarzen Brettes für TPM-Aktivitäten wird als Mittel für PR und insbesondere für die Kommunikation überall sehr populär, und es funktioniert.

TPM beim Qualitätsmanagement

Was ist TPM?

Instandhaltung und Herstellung arbeiten in jedem TEC-Betrieb partnerschaftlich zusammen, um die Produktqualität zu verbessern, den Ausschuß zu reduzieren und den Instandhaltungsstandard bei TEC zu verbessern. Diese Partnerschaft wird TPM genannt. »T« steht für »Total«, womit betont wird, daß sich alle Angestellten an der Instandhaltung ihrer Maschinen beteiligen werden.

TPM bei TEC besteht aus fünf Komponenten. Die Konzepte bauen darauf auf, daß Bediener und Mechaniker zusammenarbeiten und dadurch erkennen, wie ihre Funktionen zusammenwirken und was sie tun müssen, um sich gegenseitig zu unterstützen.

1. Einsatz der Bediener bei bestimmten routinemäßigen Instandhaltungsarbeiten an ihren Maschinen. Das Gefühl, Besitzer ihrer Maschinen zu sein, wird es den Bedienern erleichtern, mögliche Ursachen für Störungen zu eliminieren. Die Bediener können ihren Teil zur Vermeidung von Störungen beitragen, indem sie auf Staub, Rattern, gelockerte Schrauben, Risse, Verformungen und Verschleiß achten, die alle zusammen Störungen verursachen.

Die Bediener werden sorgfältig in der Ausführung spezieller Aufgaben geschult und anschließend zertifiziert. Sie werden auch das passende Werkzeug für diese Arbeit bekommen.

Sicherheit muß zuvorderst bei den Entscheidungen stehen, die Fähigkeiten der Maschinenbediener zu verbessern.

2. Unterstützung der Mechaniker bei Reparaturen von Maschinen durch die Bediener. Häufig fallen mehrere Teile der Betriebsanlagen gleichzeitig aus und die Wartung hat dann nicht genügend ausgebildete Fachleute, um schnell alle Störungen zu beheben. Manchmal müssen die Bediener nach Hause geschickt werden, weil das Instandhaltungspersonal noch nicht zu den stillstehenden Maschinen kommen konnte. Bei diesem Konzept werden die Bediener sorgfältig ausgebildet, um dem Instandhaltungspersonal bei der Reparatur der Maschinen assistieren zu können. Als Folge davon werden mehr Mitarbeiter für Instandhaltungsarbeiten zur Verfügung stehen, die Bediener werden nicht aufgrund von fehlender Arbeit weniger verdienen und schließlich werden die ausgefallenen Maschinen schneller wieder in Betrieb gesetzt.

3. Unterstützung der Bediener beim Herunterfahren und Starten der Maschinen. Es gibt Zeiten, wo die Bediener Hilfe beim Herunterfahren und/oder Starten der Betriebsanlagen benötigen würden, ohne daß sie jedoch Hilfe bekommen. Das verlängert das Herunterfahren und verursacht damit Wartezeiten für das Instandhaltungspersonal. Wenn entsprechend ausgebildete Mechaniker den Bedienern beim Herunterfahren der Maschine helfen, können die Ausfallzeiten der Maschinen reduziert werden.

Nach Beendigung der Reparaturarbeiten werden die Mechaniker die Bediener wieder unterstützen, diesmal bei der Inbetriebnahme der Maschine, indem sie die dabei auftretenden mechanischen und elektrischen Probleme beseitigen. Da-

Abbildung 31 (Fortsetzung Seite 212)

durch, daß sie am Arbeitsplatz bleiben und die Bediener unterstützen bis die Maschinen läuft, werden viele erneute Anforderungen vermieden und die gesamte Stillstandszeit reduziert.

4. Einsatz von Mitarbeitern von geringerer Qualifikation für die Durchführung von Routinearbeiten, die keine höherqualifizierten Fachleute benötigen. Bei TEC gibt es viele Routinearbeiten, die so ziemlich von jedem, auch von jemandem mit wenig Ausbildung, ausgeführt werden können. Während des TPM-Programms werden diese Aufgaben definiert und wenn es für die Bediener und Mechaniker nicht möglich ist, sie in ihrer übrigen Zeit zu erledigen, dann wird dafür geringer qualifiziertes Personal eingesetzt. Die Mitarbeiter mit diesen Aufgaben berichten entweder der Herstellung oder der Instandhaltung.

5. Einsatz intelligenter Elektronik, damit Kalibrierungen von Bedienern oder geringer qualifizierten Mitarbeitern vorgenommen werden können. Das Qualitätsmanagement bei TEC verlangt entsprechend kalibrierte Geräte. Voraussetzung für den Einsatz von SPC-Listen für die Steuerung des Maschinenlaufs ist die Auswertung von Daten, die so genau wie nur möglich sind. Im Rahmen des TPM-Programms hat die Instandhaltungsabteilung eine Computer- und Kalibrierungseinheit zum Austesten angeschafft. Dieses System wird es TEC ermöglichen, die Kalibrierung kritischer Geräte effektiver routinemäßig zu überwachen und zu protokollieren.

Piloteinsatz von TPM

Um den Einsatz von TPM bei TEC zu beurteilen, werden im Februar 1987 verschiedene Arbeitsgruppen bestehend aus Mitarbeitern der Herstellung und der Instandhaltung gegründet, um:

A. Pilotbereiche auszuwählen, in denen TPM getestet und bewertet werden kann;

B. auszuwählen, welches der oben beschriebenen Konzepte jeweils in den Pilotbereichen zum Einsatz kommt;

C. Aufgaben zu bestimmen, die während TPM untersucht werden;

D. die notwendigen Daten und Messungen festzulegen, um Aufgaben zu protokollieren.

Die Pilotprojekte werden ungefähr sechs Monate laufen und dann hinsichtlich von Verbesserungen und Ausweitung auf andere Bereiche beurteilt.

Der Artikel erschien im Dezember 1986 in der Zeitschrift Plant Maintenance Division (PMD) Newsletter der Tennessee Eastman Company (TEC).

Fortsetzung von Abbildung 31

Vorwärts mit TPM

Dave Boergner war erstmals nach seiner Ernennung zum Geschäftsführer der Elektronikabteilung im Enfield Werk zu Besuch.

Und während er anwesend war, um an der Vorstellung der PM-Höchstleistung teilzunehmen, wurde mit ihm der 24-Punkteplan von Enfield/Treforest durchgesprochen, mit dem TPM in Angriff genommen wird.

Er engagiert sich sehr für TPM – als Geschäftsführer der Elektronikabteilung, der TPM und PM-Höchstleistung als Champion leitet.

Was genau ist nun TPM, das sich jetzt direkt dem Q1 und der kürzlich erreichten PM-Höchstleistung anschließt?

Die erste Einführung der Angestellten in TPM fand auf einer zweitägigen Konferenz statt, an der Vertreter der Gewerkschaft, Führungskräfte, Angestellte und Arbeiter teilnahmen.

Das Seminar wurde von E. Hartmann vom International TPM Institute, USA, gehalten.

Bediener

Um einen ersten Eindruck zu vermitteln, beschrieb Herr Hartmann TPM als »eine Philosophie, die dauerhaft die gesamte Effektivität der Betriebsanlagen verbessern kann, unter aktiver Mitwirkung der Bediener.«

Es gibt drei wichtige Ziele, die angestrebt werden:

Kein ungeplanter Stillstand der Maschinen

Keine fehlerhaften Produkte, deren Ursache in den Maschinen liegt

Kein Verlust der Maschinengeschwindigkeit

Weltweit konnte man in Fabriken, die TPM eingeführt haben, feststellen, daß die Arbeiter stolzer auf ihren Arbeitsplatz sind und eine größere Befriedigung in ihrem Job finden. Die Teamarbeit und die individuellen Fähigkeiten wurden verbessert, es gibt ein intensiveres Gefühl, die Maschinen zu besitzen und ein verbessertes Arbeitsumfeld. Andy Gill, der Koordinator des Programms »Totale Qualitätshöchstleistung« (TQE) bei Enfield/Treforest, sagte dem Review: »TQE und TPM sind eindeutig miteinander verknüpft, da beide ähnliche Ziele verfolgen. Ein Ziel von TQE ist die Bereitstellung einer Methode, mit der die Qualität von allem, was wir tun, verbessert wird. Damit werden die Maschinen und Betriebsanlagen erfaßt.

TPM hat daher eine Schlüsselfunktion bei unseren Bemühungen, TQE zu erreichen – auf die gleiche Weise wie auch PM-Höchstleistung eine wichtige Rolle bei TQE spielt.«

TPM ist sowohl kosteneffektiv als auch profitabel. Es werden auftretende Probleme nicht nur bei den wichtigsten, sondern bei *allen* Maschinen erfaßt. Ein Umfeld und die Möglichkeiten für mehr Mitwirkung durch alle Angestellte wird geschaffen.

Reinhaltung

TPM beinhaltet drei Hauptphasen. *Autonome Instandhaltung* ist ein unabhängiges Instandhaltungsprogramm, das von den Einrichtern und Bedienern ausgeführt werden kann, wie Schmieren und Reinhaltung. *Präventive* und *vorausschauende Instandhaltung* wird bereits in beiden Betrieben durchgeführt, wenn es sich auch bei der vorausschauenden Instandhaltung um eine Methode handelt, die noch besser eingesetzt werden muß. Hierfür werden Indikatoren wie statistische Prozeßkontrolle verwendet, um eine notwendig werdende Instandhaltung vorauszusehen. Die dritte Phase *Management* oder *Verbesserung der Betriebsanlagen* beinhaltet eine Untersuchung der vorhandenen Maschinen, um festzustellen, in welcher Hinsicht Verbesserungen notwendig sind. Zu Beginn des nächsten Jahres wird mit Machbarkeitsstudien für alle drei Phasen begonnen.

»Im Anschluß an die Studien wird uns Ed Hartmann wieder beim Zusammenstellen eines Installationsplans für TPM unterstützen, mit dem eine schnelle Verbesserung des Zustandes und der Leistung unserer Betriebsanlagen angestrebt wird,« sagte Andy Gill.

Abbildung 32

Carl DiPasquale, TPM-Koordinator bei den North Penn-Werken von Ford, führte schöne blaue, ovale TPM-Buttons ein, die jedem Angestellten nach Abschluß der einführenden TPM-Schulung überreicht wurde. Dieses Werk entwickelte auch ein hervorragendes Kurzvideo für ihre TPM-Einführung, in dem viele Maschinenarbeiter und Instandhaltungsmitarbeiter, die an der Machbarkeitsstudie beteiligt waren, groß herausgestellt wurden.

Wie diese Beispiele zeigen, sind PR-Aktivitäten bei der Vorbereitung eines Betriebs auf die TPM-Durchführung ziemlich wichtig. Es schafft einen Grad von Erwartung und Enthusiasmus, der für die aktive Beteiligung und einen guten Fortschritt von TPM benötigt wird.

Schritt 7:
Erarbeiten des TPM-Gesamtplans

Der TPM-Gesamtplan wird in der Regel vom TPM-Manager und -Stab ausgearbeitet. Es ist ein großer Überblick über die wichtigen TPM-Aktivitäten über einen bestimmten Zeitraum. Viele Gesamtpläne decken eine Dreijahresperiode ab.

In Schritt eins sollten Sie die allgemeine Strategie und Abfolge der Installation erarbeitet haben. Entscheiden Sie für jede Abteilung, wann Sie mit den jeweiligen wichtigen Aktivitäten beginnen und wie lange dafür gebraucht werden sollte.

Es ist schwierig, den Zeitbedarf für die verschiedenen Aktivitäten abzuschätzen, da Sie noch keine Erfahrungswerte haben. Aus diesem Grund dient der Gesamtplan in erster Linie dem Ziel, sich ein Bild von der Summe der Aktivitäten entlang einer »Zeitlinie« und insbesondere von einem gestaffelten Beginn in den verschiedenen Abteilungen eines großen

Beispiel eines TPM-Gesamtplans

Hauptaktivitäten der Installation	Jahr 1 1.Q	2.Q	3.Q	4.Q	Jahr 2 1.Q	2.Q	3.Q	4.Q	Jahr 3 1.Q	2.Q	3.Q	4.Q
1. Pilotinstallation										siehe eigene Planung		
2. Abt. B TPM-EM												
TPM-PM												
TPM-AM												
3. Abt. C TPM-EM												
TPM-PM												
TPM-AM												
4. Abt. D TPM-AM												
TPM-PM												
TPM-EM												
5. Abt. für Instandhaltung												
Entwicklung des verbesserten Systems												
Schulen und installieren												
Schulung des Know-hows für die Instandhaltung												
Entwickeln einer Instandhaltung mit PM												
Installieren einer Instandhaltung mit PM												
Durchführen von PM wie geplant												
6. Erreichen der Stufe 1-Ziele												
Erreichen der Stufe 2-Ziele												
Erreichen der Stufe 3-Ziele												

Abbildung 33

Betriebs zu machen (Abb. 33). Wenn Sie im Verlauf der Pilotinstallation erst einmal ein besseres Gefühl für den tatsächlichen Zeitbedarf bekommen, dann ändern Sie den Gesamtplan ab, um ihn realistischer zu machen.

Verweilen Sie nicht beim Gesamtplan, denn zu diesem Zeitpunkt arbeiten Sie nur mit bloßen Schätzungen. Die meisten existierenden Gesamtpläne stammen direkt aus irgendeinem Buch und haben nur wenig Ähnlichkeit mit der Realität. Und die Guten, die viele Details zeigen, wurden nach der Durchführung erarbeitet. Es ist ein guter Weg, um die geplante Abfolge Ihrer TPM-Installation und einen *geschätzten* Zeitbedarf zu zeigen.

Schritt 8:
Erarbeiten des Plans für die Pilotinstallation

Die Pilotinstallation ist ein entscheidendes Element Ihrer TPM-Entwicklung. An diesem Punkt müssen Sie allen anderen im Betrieb demonstrieren, daß TPM »funktioniert«. Sie probieren Methoden aus, die niemals zuvor in Ihrem Betrieb angewandt wurden. Die Pilotinstallation ermöglicht es Ihnen jedoch, Korrekturen an Ihrer TPM-Methode anzubringen, bevor Sie sie auf den ganzen Betrieb ausdehnen. Erstellen Sie den Plan so detailliert wie möglich, basierend auf Ihren Strategien und Prioritäten für die Installation (siehe das Beispiel in Abb. 34). Ein Schlüsselelement in dieser Phase ist die Bildung der Arbeitsgruppen (CATS) so früh wie möglich.

Wenn Sie mit TPM-EM beginnen, kommt als nächstes die Schulung der Methodik der Problemanalyse und der Techniken zur Problemlösung. Die Arbeitsgruppen werden dann mit der Entwicklung von Ideen zur Verbesserung von Maschinen

Beispiel eines Plans für die TPM-Pilotinstallation

Aktivitäten der Pilotinstallation	Monate
	1 2 3 4 5 6 7 8 9 10 11 12

Aufbau der Teams (mindestens 6)

TPM-EM:
- Leitung des Trainings zur Problemanalyse
- Leitung des Trainings zur Problemlösung
- Analyse und Verbesserung der Anlagen

TPM-PM:
- Aufbau einer PM-Aufgabenliste
- Leitung der Analyse der Aufgabenübertragung
- Aufbau der Mitarbeiterschulung
- Durchführung der Mitarbeiterschulung
- Übertragung der Aufgaben
- Aufgaben des PM-orientierten Systems zur Instandhaltung (inkl. PDM)
- Installation des PM-orientierten Instandhaltungssystem
- Durchführung der PM-Aktionen wie geplant

TPM-AM:
- Bestimmen der autonomen Aktivitäten
- Aufbau der Schulung
- Durchführung der Schulung
- Durchführung der AM

Vermeidung von Instandhaltung
- Bildung des Projektteams
- Entwicklung eines PM-Ansatzes
- LCC-Planung
- Start der PM-Aktivitäten

Erreichen der Stufe 1-Ziele
Erreichen der Stufe 2-Ziele

Abbildung 34

und Verfahren beginnen. Diese Tätigkeit kann, abhängig vom Zustand Ihrer Betriebsanlagen, sehr lange andauern.

Wenn Sie mit TPM-AM beginnen, könnten Sie mit einer Phase des »anfänglichen Reinigens der Maschinen« beginnen, mit einer anschließenden Verbesserung, die die Ursachen der Probleme reduziert oder eliminiert.

Es folgt das routinemäßige Reinigen und Schmieren, einschließlich der Entwicklung der hierfür notwendigen Verfahren. Das bedeutet möglicherweise die Schulung der Teams in den richtigen Verfahren. Erarbeiten Sie danach die Arbeitsabläufe für die Inspektionen durch die Maschinenarbeiter (mit deren Beteiligung) und beginnen Sie mit der Schulung, die letztendlich eine selbständige Inspektion der Maschinen durch die Teams bewirkt.

Beim TPM-PM planen Sie als ersten Punkt eine Analyse zur Aufgabenzuweisung ein, auf der Grundlage der vorhandenen (oder noch zu entwickelnden) PM-Checklisten. Diese Analyse ergibt, welche Aufgaben jetzt übertragen werden können und welche (und in welchem Umfang) Ausbildungsmaßnahmen erfolgen müssen. Es muß die Zeit eingeplant werden, die für die Erarbeitung und Durchführung dieser PM-Schulung der Maschinenarbeiter benötigt wird. Die nächste Phase des Zeitplans umfaßt die schrittweise Übertragung der PM-Aufgaben, wenn die Maschinenarbeiter fähig und motiviert sind, sie auszuführen.

Die Entwicklung des auf der Instandhaltung beruhenden PM-Systems muß ebenfalls geplant werden. Die Ergebnisse der Machbarkeitsstudie werden zeigen, wieviel Arbeit dies in Anspruch nehmen wird. Es kann ziemlich viel Zeit benötigt werden, wenn Ihr PM-System noch nicht weit entwickelt ist. Folgen Sie den in Kapitel 8 umrissenen Schritten.

Der Aufbau eines effektiven Instandhaltungsmanagements gehört normalerweise nicht zu einer Pilotinstallation, da es die gesamte Instandhaltungsabteilung betrifft. Planen Sie dies in Ihrem Gesamtplan ein und erarbeiten Sie, falls notwendig, einen gesonderten Zeitplan für diese Aufgabe.

Es ist jedoch ratsam, Aktivitäten zur Instandhaltungsprävention (PM) in die Pilotinstallation einzubeziehen. Mit dem Engagement der Arbeitsgruppen für die Verbesserung der Maschinen und für Instandhaltungsaktivitäten tritt der Anreiz, Instandhaltung zu vermeiden und sich auf die LCC zu konzentrieren, in den Vordergrund.

In Ihrer Pilotinstallation wollen Sie alle denkbaren TPM-Alternativen so früh wie möglich testen, um Erfahrung für Ihre betriebsweite Installation zu sammeln. Mit dieser sollte drei Monate vor der gestaffelten Gesamtinstallation begonnen werden; sie wird als »Lokomotive« für alle anderen Bereiche wirken.

Schritt 9:
Erarbeiten detaillierter Pläne für die weiteren Installationen

Obwohl dies zur Planung der Installation gehört, wird es gewöhnlich aufgeschoben, bis einige Daten aus der Pilotinstallation verfügbar sind. Die Vorgehensweise entspricht weitgehend der der Pilotinstallation, es sei denn die Installationsabfolge ändert sich. Sie sollten einen gesonderten Plan für jeden Bereich der Installation erarbeiten und die Pläne nach Bedarf aktualisieren. Berücksichtigen Sie Details wie z.B. Schulungsplanung, Häufigkeit von TPM-Kleingruppen-Meetings und Zieldaten. Zusätzliches Detail könnte die Reihenfolge sein, mit der die Maschinen oder Fertigungsstraßen bearbeitet werden, auf der Grundlage des in der Machbarkeitsstudie festgestellten Bedarfs.

Bestimmen Sie die Anzahl der benötigten Teams und erarbeiten Sie, zusammen mit dem Teamleiter, einen Arbeits- und Schulungszeitplan für jedes Team, basierend auf den Erfordernissen der Maschinen und dem Schulungsbedarf der Gruppenmitglieder, wie er in der Analyse der erforderlichen/verfügbaren Fähigkeiten festgestellt wurde. Weiterer Schulungsbedarf wird während der Analyse der PM-Aufgabenübertragung festgestellt, die zu Beginn der TPM-PM-Installation durchgeführt wird. Das bedeutet, daß Sie den detaillierten Installationsplan von Zeit zu Zeit aktualisieren müssen.

Das TPM-Büro ist verantwortlich für das Führen aller Installationspläne und für die Koordination der Schulung. Wenn bei bestimmten Schulungsarten die Ressourcen begrenzt sind, dann wird eine sorgfältige Zeitplanung erforderlich. Dieses Büro wird auch die Vergabe von Zertifikaten verwalten und eine Liste über den Kenntnisstand in jeder Gruppe führen, sofern Ihre Schulungsabteilung dies nicht zu tun wünscht. Für alle Bereiche wird der Fortschritt, verglichen mit dem Plan, ebenfalls vom TPM-Büro gemessen und berichtet.

Schritt 10:
Präsentation beim Management

Bevor mit der Pilotinstallation begonnen wird, sollten die verfügbaren Pläne, insbesondere der Gesamtplan und der Pilotplan, dem Management oder dem TPM-Lenkungsausschuß des Werks vorgestellt werden. Das wird das letzte Meeting und die endgültige Zusage vor dem tatsächlichen Beginn der Installation sein. Die Gelegenheit sollte dazu genutzt werden, über die gerade abgeschlossenen Aktivitäten zur TPM-Information, PR und Schulung und den resultierenden Feedbacks zu berichten. Zu diesem Zeitpunkt sollte jedem im Betrieb die TPM-Vision, TPM-Strategie, TPM-Politik und

Ziele bekannt sein und jedes Problem oder potentielle Problem sollte angesprochen worden sein. Wenn dies geschehen ist, kann Ihre Installation wirklich beginnen.

**Phase II:
Die Pilotinstallation**

Der Verlauf der Pilotinstallation ist ziemlich derselbe wie der in allen anderen Bereichen Ihrer werksweiten Installation, außer daß es der erste und wichtigste ist.

Da Sie mit Ihrer Pilotinstallation erfolgreich sein müssen, oder zumindest einen ausgezeichneten Start haben müssen, ist die Auswahl des Bereichs sehr wichtig. Wählen Sie einen Bereich oder eine Abteilung mit dem richtigen »Betriebsklima« aus; mit anderen Worten, Leute, die kooperativ und begierig sind, sich zu beteiligen, um zu zeigen, daß sie ihre Maschinen und deren Instandhaltung verbessern können. Die Abteilung sollte nicht zu groß sein (ideal sind 50 bis 100 Mitarbeiter) und im typischen Fall eine ausgezeichnete Machbarkeitsstudie aufweisen, das bedeutet die Verfügbarkeit von gutem Datenmaterial. Stellen Sie sicher, daß so viele Leute wie möglich aus den Teams der Machbarkeitsstudie an der Pilotinstallation beteiligt werden, da sie bereits hochgradig motiviert sind (sie haben die Probleme und die Chancen gesehen). Sie werden Ihre »Missionare« sein und andere darin bestärken, sich zu beteiligen.

Der Zweck der Pilotinstallation ist es, Vorgehensweisen zu »testen«, bevor Sie sich auf eine bestimmte Ausrichtung der Gesamtinstallation festlegen. Natürlich können Sie die ganze Pilotinstallation nicht *fertigstellen,* bevor Sie mit der werksweiten Installation beginnen, weil Sie nicht die Zeit haben, so lange (zwei bis drei Jahre!) zu warten. Aber mit einem durchschnittlichen Vorsprung von drei Monaten können Sie erkennen, was in Ihrem Werk funktioniert und was möglicherweise überdacht werden muß. Sie können mit verschiedenen Teams unterschiedliche Abläufe austesten, wenn etwa die meisten Teams mit TPM-EM und eines oder mehrere Teams mit TPM-AM beginnen. Bei der Planung für die Pilotinstallation können Sie erkennen, welche Maschinen Verbesserungen brauchen und welche Maschinen Reinigen und anderen Aktivitäten der »autonomen Instandhaltung« benötigen.

Die Bildung von Arbeitsgruppen

Der erste Schritt ist, Teams (CATS) zu bilden. Sie haben hoffentlich einige Arbeitsgruppen während der Machbarkeitsstudie gegründet, um die Zustandsanalyse der Maschinen durchzuführen. Diese Gruppen sind bereit, jetzt weiterzumachen. Wenn nicht, dann wenden Sie die größtmögliche Bemühung dafür auf, einen hohen Prozentsatz (wenn nicht alle) Ihrer Maschinenarbeiter, Instandhaltungsfachleute, Ingenieure und Vorarbeiter in den TPM-Kleingruppen zu organisieren.

Überraschenderweise haben in diesem Punkt viele Unternehmen Schwierigkeiten. Es kann bereits eine Teamstruktur vorhanden sein oder ein Konzept von »Arbeitsgruppen«, die ihre eigenen Interessen haben. Während der Machbarkeitsstudie, beim Punkt »Unternehmenskultur«, sollten Sie diese Situation erkannt und sich in der Planung darauf eingestellt haben. Es ist manchmal möglich, bestehende Gruppen (wie etwa Teams in der Fertigung) zu erhalten oder große Arbeitsgruppen in kleinere CATS aufzuteilen. Es kann der persönliche Einsatz des TPM-Managers oder sogar des TPM-Champions oder eines anderen Managers notwendig werden, um die Teams zu organisieren. Es geht nicht von allein. Ohne Teams können Sie kein TPM durchführen!

Jedes Team sollte von einem aus der Gruppe geleitet werden. Wieder bietet die Pilotinstallation die Möglichkeit, verschiedene Vorgehensweisen auszutesten. Nehmen Sie für ein Team einen Ingenieur, einen Instandhaltungsmeister und einen Fertigungsmeister für andere, einen Instandhaltungsfacharbeiter und einen erfahrenen Maschinenarbeiter für wieder andere Teams. Es gibt keine festen Regeln; Sie müssen herausfinden, was in Ihrer Situation am besten funktioniert. Natürlich müssen Sie wissen, wie ein Team geführt wird und genügend technisches Wissen haben, um Schulungen und Anleitungen für die Arbeit der Gruppe zu vermitteln. Die meisten Teams möchten sich selbst einen Namen geben, was Sie unterstützen sollten. Einige haben sogar ihr eigenes Logo.

Die Installation von TPM-EM

In den meisten nichtjapanischen Betrieben wird zuerst TPM-EM installiert. Wenn erst einmal die Teams organisiert sind, müssen Sie einen Zeitplan für die Meetings festlegen. Da Sie mit Ihrer Pilotinstallation möglichst schnell vorankommen wollen, sollten wöchentliche Meetings von zumindest einstündiger Dauer das Minimum sein. In den meisten Unternehmen wird mehr als das getan.

Veranlassen Sie, daß sich die Teams in einem Raum des Betriebs treffen, der mit einer Schreibtafel und Flipchart ausgestattet ist. Ein Gruppenmitglied sollte zum Schriftführer ernannt werden und Protokoll führen.

Wenn Sie eine gute Machbarkeitsstudie durchgeführt haben, wird für den Anfang reichlich Datenmaterial zur Verfügung stehen. Manchmal ist es schwierig zu entscheiden, *wo* man anfangen soll, da es so viel zwingenden Bedarf und Möglichkeiten gibt. Sehen Sie zuerst die OEE und Verlustanalyse der

Maschinen des jeweiligen Teams durch. Beginnen Sie mit einem signifikanten Verlust, der sehr häufig in Zusammenhang mit Leerlauf, geringfügigen Störungen oder wiederholtem Ausfall steht. Manchmal handelt es sich auch um sehr lange Montagezeiten.

Wenn Ihr Team eine Montage- oder Fertigungsstraße von, sagen wir, sechs Maschinen »besitzt«, dann kann die »8-Schritt-Methode zur Festlegung von Prioritäten bei der Anwendung von TPM im Produktionsablauf« genutzt werden, um festzustellen, wo und warum man beginnt (Abb. 35).

Benutzen Sie die folgende Vorgehensweise:

Schritt 1: Stellen Sie den gegenwärtig tatsächlichen Ausstoß jeder Maschine fest (zum Beispiel Teile pro Stunde) (CO)

Schritt 2: Bestimmen Sie für jede Maschine den gegenwärtigen OEE (COEE)

Schritt 3: Erarbeiten Sie einen erreichbaren neuen OEE (NOEE), indem Sie die Verluste prüfen und den Einfluß von verbesserten Betriebsanlagen und Wartung abschätzen. Dies kann überraschend genau gemacht werden, wenn die Ausfälle gut bekannt und richtig gemessen wurden. Dies ist eine Aufgabe für die CATS, die dazu beiträgt, Ziele festzulegen.

Schritt 4: Berechnen Sie die prozentuale mögliche Verbesserung der Betriebsanlagen (Verbesserung in Prozent), indem Sie NOEE und COEE miteinander vergleichen.

Schritt 5: Rechnen Sie für jede Maschine den gegenwärtigen Ausstoß (CO) in den möglichen neuen Ausstoß (PNO) um.

Die 8-Schritt-Methode zur Festlegung von Prioritäten bei der Anwendung von TPM im Produktionsablauf

M/C3
CO: 105
COEE: 60%
NOEE: 80%
% VERB.: 33%
PNO: 140
NMOD: 140
NEED: 100%
P: 1

M/C1
CO: 106
COEE: 30%
NOEE: 80%
% VERB.: 167%
PNO: 283
NMOD: 141
NEED: 50%
P: 6

M/C2
CO: 105
COEE: 50%
NOEE: 80%
% VERB.: 60%
PNO: 168
NMOD: 140
NEED: 83%
P: 4

M/C4
CO: 102
COEE: 60%
NOEE: 85%
% VERB.: 42%
PNO: 144,5
NMOD: 138
NEED: 95%
P: 2

M/C5
CO: 101
COEE: 50%
NOEE: 75%
% VERB.: 50%
PNO: 151,5
NMOD: 138
NEED: 91%
P: 3

M/C6
CO: 100
COEE: 40%
NOEE: 80%
% VERB.: 100%
PNO: 200
NMOD: 137
NEED: 69%
P: 5

CO: Vorhandener Ausstoß
COEE: Vorhandene OEE
NOEE: Neue OEE (nach der Analyse)
%VERB.: OEE-Verbesserung $\frac{(NOEE-COEE) \times 100}{COEE}$

PNO: Potentieller neuer Ausstoß $\frac{CO \times NOEE}{COEE}$
NMOD: Neues Ausstoßmodell
NEED: Notwendige Verbesserung in Prozent, um die Werte des neuen Modells zu erreichen $\frac{NMOD \times 100}{PNO}$

P: Priorität im Rahmen von TPM
(in absteigender Folge)

Abbildung 35

Schritt 6: Jetzt können Sie ein Modell (NMOD) für den neuen, möglichen Ausstoß der verbesserten Fertigungsstraße entwickeln. Ihre limitierende Maschine (im Beispiel M/C3) wird bestimmen, welche Zahlen von allen Maschinen für einen ausgewogenen Durchfluß erreicht werden müssen.

Schritt 7: In diesem Schritt wird für jede Maschine ermittelt, welcher Prozentwert (NEED) des gesamten Verbesserungspotentials notwendig sein wird, um die jeweilige Maschine auf die für das neue Modell benötigte Zahl zu bringen. Diese Zahl kann in einem weiten Bereich variieren, abhängig von der Kapazität der Maschine und ihrem gegenwärtigen OEE.

Schritt 8: Bestimmen Sie die Priorität für TPM (P) in absteigender Reihenfolge. Je höher der benötigte Prozentwert, desto höher die Priorität.

Diese Methode ermöglicht es Ihnen, Ihre TPM-Aktivitäten auf Maschinenverbesserungen zu konzentrieren, die einen raschen Einfluß auf den Durchsatz haben. Sie hält Sie auch davon ab, eine Maschine zu »überreizen«, d.h. Verbesserungen zu machen, die weit über das für das neue Modell benötigte Maß hinaus gehen. Ihre Ressourcen, und die Zeit Ihrer Teams, sind begrenzt. Also setzen Sie sie dort ein, wo es zählt! Später können Sie zu jeder Maschine zurückgehen und sie bis an ihre Grenzen verbessern, aber wenn Sie an einem frühen Break-Even für Ihr TPM-Programm und einem hohen ROI interessiert sind, dann wird der erste Durchgang Ihre Betriebsanlagen zu dem höchsten *notwendigen* Potential verbessern.

Manchmal ist von der Machbarkeitsstudie her eine Paretoanalyse verfügbar, normalerweise jedoch nicht. Schulen Sie das Team darin, diese Analyse zu erstellen, den Pareto ersten und zweiten Grads (Abb. 19). Angenommen Leerlauf und geringfügige Störungen sind die größten Verluste und in dieser Gruppe nimmt Verstopfung den größten Prozentsatz ein, dann wird das Team jetzt feststellen, an welchen Stellen eine Verstopfung auftritt und diese quantifizieren, was in einem Pareto des dritten Grads resultiert.

Jetzt muß das Team das Problem definieren und beschreiben, einschließlich der Anfertigung von Skizzen usw. Es gibt gewöhnlich zahlreiche Gründe, warum Verstopfungen auftreten. Diese Tätigkeit wird direkt zu einer *Analyse* der verschiedenen Ursachen führen. An dieser Stelle ist einige Disziplin notwendig, da die Gruppenmitglieder häufig voreilige Schlüsse ziehen, wenn einige Lösungen naheliegend zu sein scheinen. Bedenken Sie jedoch, daß Sie die Probleme *beseitigen* und nicht einfach vorläufige rasche Reparaturen durchführen müssen.

Mittlerweile ist das Team gewöhnlich stark engagiert und Sie können die Begeisterung spüren. Aber Sie haben wieder einen weiteren kritischen Punkt erreicht. Sie müssen die *Lösungen* und *Verbesserungen*, die von den Teams vorgeschlagen wurden, *durchführen*, oder Sie werden die Initiative Ihrer Mitarbeiter schnell zerstören. Gewöhnlich hilft es, wenn sich Instandhaltungsleute an den CATS beteiligen. Aber viele Projekte verursachen einige Kosten und geplanten Maschinenstillstand, um die Änderungen und Verbesserungen installieren zu können. Sie müssen das durchziehen oder Ihre Aktivitäten zur Verbesserung der Betriebsanlagen werden aufs Spiel gesetzt.

In Kapitel 9 werden zahlreiche zusätzliche Problemanalysen und Techniken zur Problemlösung vorgestellt und ausführlich diskutiert.

Sie beeinhalten:

❏ OEE-Verlustanalyse (Abb. 24)

❏ Maschinenzustandsanalyse (Abb. 20)

❏ Untersuchung der Maschinenlogbücher (Abb. 17)

❏ Fehlermeldeformular (Abb. 22)

❏ Zustand-Aktionsformular (Abb. 21)

❏ Ursachen-Wirkungsdiagramm (Abb. 23)

❏ Analyse der Ursache

❏ Analyse der Methoden

Ihre Arbeitsgruppen werden diese Techniken erlernen und anwenden, so wie sie sie bei ihrer Arbeit benötigen. Zusätzliche Techniken zur Qualitätskontrolle und REFA-Studien können nützlich sein. Engagieren Sie die entsprechenden Spezialisten und lassen Sie sie nach Bedarf mit den TPM-Teams arbeiten oder sie schulen.

Das Team sollte das OEE ihrer Maschinen ungefähr alle drei bis sechs Monate, bei signifikanten Verbesserungen häufiger, erneut messen. Es ist wichtig, die erzielten Fortschritte und Ergebnisse zu messen und zu publizieren. Sie sollten den Gewinn berechnen und in Ihren Bericht aufnehmen. Der TPM-Stab wird die von allen Teams erreichten Ergebnisse zusammenfassen und der Werksleitung oder dem TPM-Lenkungsausschuß berichten. Es gibt Gesellschaften, wie etwa Ford Electronics Division, die *monatliche* OEE-Berichte von allen ihren Werken verlangen.

Abbildung 36 zeigt eine OEE-Verbesserungsrichtlinie, die von den CATS als eine Checkliste benutzt werden kann. Es ist eine umfassende Liste vieler möglicher Aktionen, die alle wichtigen

Leitfaden für die OEE-Verbesserung

OEE = Verfügbarkeit x Leistungseffizienz x Qualitätsrate

Verfügbarkeit	❒ Verringern der Rüstzeit (Hauptchance)
	  – Beseitigen von Rüstvorgängen
	  – Automatisieren von Konfigurationsänderungen
	  – Verringern der Kalibrationszeit (Automatisieren)
	  – Limitieren der Testläufe (ggf. in der geplanten Standzeit)
	❒ Beseitigung von Versagen (Hauptchance)
	  – Anlagenverbesserungen durchführen
	  – Verbesserung der PM (TPM-PM)
	  – Einführung autonomer Wartung (TPM-PM)
		✓

Leistungseffizienz	❒ Verringern der Leerläufe/Kurzausfälle (Hauptchance)
	  – Verbessern des Materialflusses
	  – Ändern der Personalisierung
	    (Beseitigung des Verlusts durch fehlende Bedienung)
	  – Anlagenverbesserung (Beseitigen von Störungen der
	    Materialzufuhr) (TPM-EM)
	  – Einführen der autonomen Inspektion (TPM-AM)
	  – Einführen einer Reinigungs- und Schmierprozedur (TPM-PM)
	❒ Beseitigen der Verluste durch Einbußen in der
	  Anlagengeschwindigkeit (Hauptchance)
	  – Austausch abgenutzter Teile (typische Haupt-PM-Maßnahme)
	  – Alle Bolzen nachziehen
	  – Auswuchten aller rotierenden Teile
	  – Verbessern der Schmierung
	❒ Einführen eines verbesserten PM und der vorausschauenden
	  Instandhaltung
		✓

Qualitätsrate	❒ Beseitigen von Verwurf und Nachbesserung (Hauptchance)
	  – Einführen von SPC (Statistische Prozeßsteuerung)
	  – Verbessern der Anlageneinstellung (TPM-AM)
	  – Einführung einer Anlagenüberwachung (Messen der Abnützung)
	  – Festlegen einer Prozedur zum Werkzeugwechsel
	    (Zählen der Stöße, Takte etc.)
	  – Einführen der autonomen Inspektion (TPM-AM)
	  – Anlagenverbesserung (TPM-EM)
	  – Verbessern der Reinigungs- und Schmierprozeduren (TPM-AM/PM)
	❒ Verbessern der Produktqualität (Hauptchance)
	  – Sicherstellen der Anlagengenauigkeit (TPM-AM/PM)
	  – Einführen aller obigen Maßnahmen
		✓

© 1992 International TPM Institute, Inc.

Abbildung 36

Maschinenverluste ansprechen. Manchmal verlieren sich die Teams in Details und es wird notwendig, einen Schritt zurückzugehen und sich alle Möglichkeiten anzuschauen.

Diese Richtlinie dient noch einem weiteren Zweck. Sie weist auf notwendige TPM-PM- und TPM-AM-Aktivitäten hin, an die das Team möglicherweise bisher noch nicht gedacht hat. Wenn sie bereits ihre Maschinen verbessert haben, dann sollten die Maschinenarbeiter jetzt noch mehr motiviert sein, sich an PM- und AM-Aktivitäten zu beteiligen, um sicherzustellen, daß ihre Maschinen in einem ausgezeichneten Zustand bleiben.

Installation von TPM-PM

Präventive Instandhaltung ist das wirklich wichtigste Mittel, um Ihre Betriebsanlagen in einem ausgezeichneten Zustand zu halten und um Versagen zu eliminieren. TPM-PM bringt Ihren Betrieb einen gewaltigen Schritt näher an dieses Ziel. Dies ist ein Bereich, zu dem die Maschinenarbeiter wesentlich beitragen können, während gleichzeitig die gesamten Wartungskosten reduziert werden.

Die Aufgabe besteht darin, das Engagement Ihrer Mitarbeiter zu wecken. Wenn Sie mit TPM-EM begonnen haben, dann werden sie sehr wahrscheinlich den Bedarf für eine verbesserte PM erkennen und motivierter sein, »ihre« Maschine in einem guten Zustand zu erhalten. Die Frage ist nun, was Sie tun können und wie Sie methodisch vorgehen können, um die passenden Aufgaben zu übertragen. Weder wollen Sie Ihre Maschinenarbeiter zu Aufgaben zwingen, bei denen sie sich nicht wohl fühlen, noch möchten Sie der Instandhaltung Aufgaben entziehen, für die sie sich in hohem Maße als verantwortlich empfindet.

Analyse zum Übertragen von PM-Aufgaben					
Input von: Aufgaben- beschreibung:	OPS. Bedienungs- personal möchte die Aufgabe durchführen	MAINT. Instandhaltung möchte, daß das Bedienungs- personal die Aufgabe übernimmt	ASC* Das Bedienungs- personal ist in der Lage, die Aufgabe durchzuführen	Bemerkungen	
1.	✓	✓	✓	Aufgabe kann sofort übertragen werden	
2.	✓	✓	nein	Zunächst ist Schulung nötig (definieren!)	
3.	nein	✓		Einspruch durch das Bedienungspersonal	
4.	✓	nein		Einspruch durch die Instandhaltung	
5.					
6.					
7.					
* Bereichsausschuß					
	Bedien.	Instand.	Vorarbeiter	Sicherh.	Betriebsrat
Fähigkeiten	✓	✓	✓	✓	✓
Sicherheit	✓	✓	✓	✓	✓

Abbildung 37

Der beste Weg ist es, die beiden Seiten das unter sich selbst, in der Teamarbeit, ausmachen zu lassen. Benutzen Sie die CATS, um einen Anfang zu finden. Abbildung 37 zeigt eine »Analyse zum Übertragen von PM-Aufgaben«, die als ein Hilfsmittel genutzt werden kann. Nehmen Sie die vorhandenen (oder zukünftigen) PM-Checklisten für die Maschinen des betreffenden Teams und stellen Sie für jede Aufgabe, die auf den Formularen aufgeführt ist, drei Fragen:

1. An die Maschinenarbeiter: Möchten Sie diese Aufgabe übernehmen?
2. An die Instandhaltungsmitarbeiter: Möchten Sie, daß die Maschinenarbeiter diese Aufgabe übernehmen?
3. An beide: Können die Maschinenarbeiter diese Aufgabe ausführen?

Es gibt vier mögliche Ergebnisse:

a) Ein »Ja« auf alle drei Fragen bedeutet, daß diese Aufgabe jetzt übertragen werden kann. Bevor Sie das jedoch tun, müssen Sie sich vergewissern, daß der Maschinenarbeiter fähig ist, dies zu tun und es *auch sicher tun kann*. Andere Beteiligte, wie etwa die Herstellung, die Instandhaltung, der Bereichsmeister, die Sicherheitsabteilung und manchmal der Betriebsrat (der TPM-Lenkungsausschuß für diesen Bereich) müssen diese Entscheidung abzeichnen.

b) Ein »Ja« auf die ersten beiden Fragen, aber ein »Nein« auf die dritte bedeutet, daß diese Aufgabe übertragen werden kann, jedoch erst *nach einer Schulung*.

c) Die Maschinenarbeiter beantworten die erste Frage mit »Nein«, aus welchem Grund auch immer. Das ist ein Veto und Sie müssen sich, zumindest zu diesem Zeitpunkt, damit abfinden.

d) Die Instandhaltungsmitarbeiter beantworten die zweite Frage mit »Nein«. Das ist ebenfalls ein Veto und Sie müssen die Übertragung zu diesem Zeitpunkt unterlassen.

Sie werden überrascht sein, wieviel Zustimmung, und damit zu übertragende Aufgaben, Sie erhalten werden. Wenn der Maschinenarbeiter motiviert ist und die Instandhaltung gemerkt hat, daß sie bessere, mehr »High-tech«-Dinge zu tun hat, dann wird es funktionieren. An diesem Punkt müssen Sie erkennen, welche Schulung für Punkt b) benötigt wird, die Schulung erarbeiten und durchführen. Sehr oft wird das Instandhaltungspersonal die Schulung durchführen. Dann muß der Vorgang wie unter a) beschrieben ablaufen, bevor die Aufgabe übertragen wird.

Gelegentlich werden Aufgaben von Maschinenarbeitern durchgeführt, die von der Instandhaltung besser gemacht werden könnten. Die Aufgabenübertragung funktioniert auch in umgekehrter Richtung. Den Teams muß bekannt sein, daß es sich nicht um eine Einbahnstraße handelt, sondern daß der gesunde Menschenverstand das Leitprinzip ist.

Gehen Sie nach ein paar Monaten noch einmal die Punkte durch, die abgelehnt wurden. Die Maschinenarbeiter sind gewöhnlich mit ihren Aufgaben zufrieden und bereit, noch mehr zu übernehmen. Die Instandhaltungsleute haben erkannt, daß die Maschinenarbeiter ihre Arbeit gut machen und stimmen zu, Aufgaben zu übertragen, bei denen sie vorher nicht so sicher waren. Schließlich werden die Maschinenarbeiter alle Aufgaben vom Typ I erledigen. Selbstverständlich gibt es Aufgaben, die immer von der Instandhaltung gemacht werden, den wichtigen PM-Funktionen vom Typ II.

Sie müssen die Übersicht darüber behalten, wer welche Aufgabe hat, vor allem so lange sich die Situation noch ändert. Zu einem bestimmten Zeitpunkt, zum Beispiel am Montagmorgen, übernehmen die Maschinenarbeiter bestimmte Aufgaben. Vergewissern Sie sich, daß nicht nur die Checklisten und Prozeduren verfügbar sind, sondern auch, falls erforderlich, die Werkzeuge und Materialien. Vergessen Sie nicht das Protokoll, das eine Übersicht über die fertiggestellten Aufgaben gibt. Eine fest integrierte Kontrolle ist immer noch da, nämlich die Instandhaltungsmitarbeiter. Die werden es bemerken, wenn die Maschinenarbeiter die PM-Aufgaben nicht richtig oder unvollständig machen.

Es ist unbedingt notwendig, den Maschinenarbeitern *eingeplante Zeit* einzuräumen, damit sie ihre PM-Aufgaben fertigstellen. Schätzen Sie deshalb den für die Aufgaben notwendigen Zeitbedarf ab und halten Sie für diese Zeitspanne die Maschinen an. Das wird einem Werksleiter schwerfallen, vor allem wenn die Maschinen in einem perfekten Betriebszustand sind. *Der Grund aber, warum sie in einem perfekten Betriebszustand sind, ist jedoch, daß PM regelmäßig durchgeführt wurde!*

Wenn sorgfältig geplant wurde, wird für PM nur ein paar Minuten am Tag benötigt und die Produktion gewinnt ein Vielfaches von diesem Betrag durch zusätzliche Laufzeiten dazu. Das ist ein gutes Geschäft, aber einige Produktionsmanager und Werksmeister müssen wirklich erst davon überzeugt werden!

Der andere Teil des TPM-PM sind die Aktivitäten vom Typ II, die von der Wartungsabteilung durchgeführt werden. Die Abteilung ist jetzt, mit weniger routinemäßigen PMs, in einer wesentlich besseren Position, um diese zu planen und zeitlich zu organisieren. Gehen Sie nach der Methode der zehn Schritte vor, die weiter vorne in Kapitel 8 ausführlich beschrieben wurde.

Installation von TPM-AM

Wenn Sie in der Reihenfolge EM-PM vorgegangen sind, dann wird TPM-AM (autonomen Instandhaltung) für die Teams ziemlich selbstverständlich folgen. Es gibt zu einem gewissen Grad eine Überschneidung von PM und AM und manchmal ist die Unterscheidung etwas unscharf. Es gibt jedoch einige spezielle Aufgaben ausschließlich für die autonome Instandhaltung, wie etwa die Anfangsreinigung der Betriebsanlagen und den damit verbundenen Aktionen. Es ist eine mehr Disziplin verlangende Vorgehensweise, die sich auf Sauberkeit, Regelmäßigkeit, Organisation und Normung stützt. Das kann der Grund für einen Teil des Widerstands sein, der den nichtjapanischen TPM-Installationen nach japanischem Modell begegnet.

Wenn Ihre Teams sich mit den anderen TPEM-Komponenten befassen (EM und PM), dann sollte die Motivation groß genug sein, um zum TPM-AM überzugehen. Versuchen Sie in der Pilotinstallation, ein oder mehrere Teams direkt mit AM beginnen zu lassen, nur um dessen Durchsetzbarkeit in Ihrem Betrieb zu testen. Ein freundschaftlicher Wettbewerb mit anderen Teams kann zu unerwarteten Ergebnissen führen.

Abbildung 38 zeigt ein Formular, das als Leitfaden für die Anfangsreinigung von ausgewählten Betriebsanlagen oder Maschinenkomponenten genutzt werden kann. Teams aus Maschinenarbeitern und Instandhaltungsleuten beginnen damit, die Maschinen gründlich zu säubern. Die Aktivitäten müssen ausgewählt, die Zeit eingeplant und Werkzeug und Material bereitgestellt werden. Da die Maschinen für eine längere Zeit aus dem Betrieb genommen werden, ist die Planung wichtig.

Viele Überraschungen werden bei der Anfangsreinigung auftreten, wie etwa Schmierstellen, von denen niemand wußte,

TPM-AM	**Ablaufplan für die Anfangsreinigung**	Anlage _____							Nr. _____
Anlagen-komponente	Aktivität	Name		Werk-zeug/ Material	Zeitplan		ben. Std.	ausgef.	Anmerkungen
		Bed.	Techn.		Start	Ende			

TPM-Team _____ bearbeitet durch _____ Datum _____

© 1992 International TPM Institute

Abbildung 38

daß es Sie gibt, lockere Verbindungen, Schrauben oder Drähte usw. Für die Maschinenarbeiter ist das ein guter Lernprozeß. Da dutzende, manchmal hunderte von Problemen oder kleineren Defekten entdeckt werden, muß eine Methode organisiert werden, um diese zuerst zu protokollieren und zu sortieren und sich dann damit zu befassen.

An dieser Stelle können Sie die Arbeit wieder in Aktivitäten vom Typ I, die von den Maschinenarbeitern durchgeführt werden können, und Arbeiten vom Typ II, die von der Instandhaltungsabteilung erledigt werden müssen, unterteilen. Manche Arbeiten können sehr gut von einem Team aus Maschinenarbeitern und Instandhaltungsleuten getan werden, da die Maschinen gewöhnlich still stehen, wenn die Korrekturen angebracht werden. Benutzen Sie ein Formular wie es in Abbildung 39 gezeigt wird, um die von der Anfangsreinigung ausgehenden Tätigkeiten zu planen und zeitlich festzulegen.

Wenn die Maschinenarbeiter erst einmal an einer strahlend sauberen Maschine arbeiten, dann ist ein Anreiz vorhanden, diesen Zustand zu bewahren. Jetzt sollten Verfahren für Reinigungs- und Schmierungstätigkeiten, die von den Maschinenarbeitern durchgeführt werden, erarbeitet werden. In diesem Punkt gibt es eine Ähnlichkeit und Überlappung mit TPM-PM. Diese Aufgaben müssen in bestehende oder zukünftige PM-Aufgabenlisten integriert werden. Wie bei PM kann für die Maschinenarbeiter eine Schulung notwendig sein, bevor sie alle erkannten Aufgaben ausführen können.

Der nächste logische Schritt für die Maschinenarbeiter ist, ihre Maschinen nach Verschleiß oder anderen Problemen zu überprüfen. Typische Stellen für Inspektionen sind unter anderem: Ölstand, Manometer, Funktion von beweglichen Teilen wie etwa Hebel und Schalter, hydraulische oder pneuma-

TPM-AM	Aktionsplan nach der Anfangsreinigung		Anlage _____						Nr. _____
Anlagen-komponente	aufgedecktes Problem	erforderliche Aktion	Name		Werk-zeug/Material	Zeitplan		ben. Std.	ausgef.	Anmerkungen
			Bed.	Techn.		Start	Ende			

TPM-Team _____ bearbeitet durch _____ Datum _____

© 1992 International TPM Institute

Abbildung 39

tische Schlauchverbindungen, verschraubte oder andere Verbindungen, Verschleiß von Komponenten, Zustand von Sicherheitsvorkehrungen wie Schutzgitter und Sperrvorrichtungen usw.

Viele dieser Tätigkeiten bedürfen der Schulung, bevor sie selbständig von den Maschinenarbeitern ausgeführt werden können. Stellen Sie die zu schulenden Arbeiten fest, erarbeiten Sie die Schulung und führen Sie sie dann durch. Sehr oft entwickeln die CATS ihre eigene Schulung und viel Schulungsmaterial kann auf andere Teams übertragen werden. Der TPM-Stab wird das Entwickeln des Materials koordinieren und dabei assistieren, sowie bei der Zeitplanung und Durchführung der Schulung assistieren, vor allem wenn Hilfe von außerhalb beteiligt ist. Eine der möglichen Hilfen von außerhalb sind Wartungsfachleute im Ruhestand.

Abhängig davon, wie sehr sich die Maschinenarbeiter in die Prüfungstätigkeiten vertiefen, kann die Schulung eine lange Zeit in Anspruch nehmen. Es ist jedoch eine hervorragende Investition, da diese Art von Arbeiteraktivitäten zu ungemein zuverlässigen Maschinen führt, die mit einer sehr hohen Effektivität arbeiten.

Nehmen Sie zu Beginn dieser Tätigkeiten eine Checkliste, wie sie in Abbildung 40 dargestellt ist, um die Durchführung der Aufgaben zu kontrollieren. Es ist naheliegend, daß der Umfang einer solchen Checkliste mit fortschreitender TPM-AM wachsen wird. Beachten Sie die in der Checkliste enthaltene Feststellung der Qualifikation. Wie in Kapitel 8 diskutiert wurde, sollten Sie den Maschinenarbeitern die erreichten Qualifikationen bescheinigen und nur den Arbeitern mit der passenden Qualifikation erlauben, die entsprechenden Tätigkeiten zur Maschineninspektion auszuführen.

TPM-AM	Anlagencheckliste			Anlage _____ Nr. _____ W/E _____																		
					Mo			Di			Mi			Do			Fr			Sa		So
Aufgabe	Nr. der Arbeits-anweisung	Qualifikations-stufe	Zeit (min)	Werkzeug/ Material	A	B	C	A	B	C	A	B	C	A	B	C	A	B	C	A	B	C
Täglich:																						
Wöchentlich:																						
Monatlich:																						

TPM-Team _____ ausgestellt durch _____ Datum _____

Bestätigung durch: Instandh.: _____ Qualität: _____ Legende: ✓ durchgeführt
Prod.: _____ Sicherheit: _____ ✗ nicht anwendbar/ vorgesehen

© 1992 International TPM Institute

Abbildung 40

Eine weitere Möglichkeit für Maschinenarbeiter, sich an TPM-AM zu beteiligen, bieten kleine Reparaturen.

Wie das Beispiel in Kapitel 4, der Ersatz einer gesprungenen Scheibe, veranschaulicht, können die Maschinenarbeiter kleine Reparaturarbeiten übernehmen, die sonst längere Ausfallzeiten verursachen würden. Erstellen Sie in Zusammenarbeit mit den Maschinenarbeitern und den Instandhaltungsleuten eine Liste von solchen Möglichkeiten. Entscheiden Sie, welche Sie übertragen möchten und legen Sie die Vorschläge dem TPM-Bereichsausschuß vor. Schulung, Bescheinigung und Aufgabenübertragung müssen erarbeitet und durchgeführt werden.

Die autonome Instandhaltung bietet offensichtlich enorme Möglichkeiten, die Maschinenarbeiter mit einzuschließen und Kosten einzusparen. Es ist ein langer und schwieriger Prozeß und nur Unternehmen mit einer motivierten Belegschaft und einem hervorragenden TPM-Programm werden in der Lage sein, alle Vorteile daraus zu ziehen. Beginnen Sie in der Pilotinstallation mit diesem Prozeß und demonstrieren Sie dem restlichen Betrieb, wie es gemacht werden kann.

Phase III:
Werksweite Installation

Ungefähr drei Monate nach Beginn der Pilotinstallation sollten Sie einen ersten Eindruck haben, was in Ihrem Umfeld möglich ist. Sie haben noch nicht viele Ergebnisse, aber Sie wissen, wie Ihre Belegschaft auf verschiedene Vorgehensweisen reagiert. Mit der Verbesserung der Maschinen durch TPM-EM wurde begonnen und es könnten schon gute, vielleicht sogar einige spektakuläre Ergebnisse vorliegen. TPM-AM sollte zu sehr sauberen Maschinen geführt haben, auf die die Maschinenarbeiter stolz sind. Wie das übrige Werk feststellen kann, ist im Bereich der Pilotinstallation ein Teamgeist und ein gewisses Maß an Erregung spürbar.

Gehen Sie Ihren Gesamtplan noch einmal durch und aktualisieren Sie ihn. Erarbeiten Sie einen detaillierten Installationsplan für die Bereiche, die als nächstes folgen werden. Beheben Sie Probleme, auf die Sie vielleicht in der Pilotinstallation gestoßen sind, und stimmen Sie den Zeitplan genau ab. Die Methoden und Pläne werden sich von denen für die Pilotinstallation, wie sie gerade besprochen wurden, nicht sehr unterscheiden.

Richten Sie die TPM-Organisation für das restliche Werk ein. Beginnen Sie mit den Bereichsausschüssen und bilden Sie so viele CATS wie möglich. Am Anfang wird es in der Regel nicht so viele Teams geben, wie Sie sich das wünschen, aber mit der Zeit werden es mehr. Es ist besser, wenige, aber motivierte und produktive Teams zu haben als viele Teams, die nicht viel tun. Es wird sich herumsprechen, daß es immer mehr Beispiele von verbesserten und leistungsfähigeren Maschinen gibt.

Setzen Sie in allen Werksbereichen Leistungsziele für die Maschinen fest und fordern Sie die Bereichsleiter auf, TPM zu fördern. Zu diesem Zeitpunkt wissen Sie bereits, auf welche Vorgehensweisen die Belegschaft reagieren wird.

Veröffentlichen Sie die Ergebnisse und dehnen Sie TPM nach Plan weiter auf alle Bereiche des Betriebs aus. Machen Sie sich klar, daß TPM viel Zeit braucht. Weltweit haben die meisten Unternehmen, die eine hervorragende TPM-Installation aufweisen können, mindestens drei Jahre dafür benötigt.

Schulung

Entscheidend für den Erfolg Ihrer TPM-Installation ist die Schulung der Maschinenarbeiter. Es ist derjenige Teil der Installation, der die meiste Zeit beansprucht. TPM-Manager und -Stab müssen auf diesem Gebiet eine führende Rolle spielen. Der Stab erarbeitet die Schulungsunterlagen und plant die Unterrichtsstunden, oder assistiert den Arbeitsgruppen hierbei. Instandhaltungs- und Schulungsabteilung unterstützen den TPM-Stab. Es gibt Weiterbildungsunternehmen, die Kurse auf Videoband oder interaktiven Videokassetten anbieten, zusätzlich zu Seminaren und dem Selbststudium unter Benutzung von Handbüchern. (SATURN gibt Schulungsmittel für Angestellte, die dieses Buch lesen.)

Der größte Teil des Unterrichtsplans wird jedoch intern vom TPM-Stab und der Instandhaltung erarbeitet werden. Er muß umfassen:

❏ Methode

❏ Arbeitsabläufe

❏ Werkzeuge

❏ Material

❏ Sicherheit (OSHA)

❏ Skizzen

❏ Bilder

Es gibt zwei grundsätzliche Arten der Schulung: im Übungsraum und am Arbeitsplatz. Der Übungsraum wird für mehr theoretische Schulung benutzt und wenn eine Tafel, ein Flipchart, Computer oder Videogerät gebraucht wird. Praktische Schulung, direkt am Arbeitsplatz, in häufigen, aber kurzen Unterrichtsstunden ist sehr effektiv. Testen Sie aus, welche Kombination der Methoden für Sie die besten Ergebnisse liefert. Die Notwendigkeit einer Zertifizierung bei Erreichen verschiedener Qualifikationsstufen wurde bereits früher diskutiert.

Management der Instandhaltung

Zu Ihrer werksweiten Installation wird voraussichtlich eine Verbesserung des Managements der Instandhaltung gehören. Vor TPM war Ihre Instandhaltungsabteilung vermutlich in erster Linie mit Feuerwehraktionen beschäftigt, die von Natur aus nicht mit viel Planung und Zeiteinteilung verbunden sind. Jetzt aber, mit weniger Ausfällen und routinemäßiger PM-Arbeit, wird für die Instandhaltungsabteilung die Arbeit aus wichtigen PM-Tätigkeiten, vorausschauender Instandhaltung, Reparaturarbeiten an Maschinen, Verbesserung und Überholung der Betriebsanlagen bestehen, alles Tätigkeiten die *geplant und eingeteilt* werden müssen. Deshalb sollte, falls noch nicht vorhanden, eine formale Stelle für die Planung eingerichtet werden.

Auch sollte, falls noch nicht vorhanden, ein computergestütztes Instandhaltungsmanagementsystem installiert werden, das auch die von den Maschinenarbeitern durchgeführte PM und andere Instandhaltungstätigkeiten unterstützt. Die Strichcodetechnologie, wie in Kapitel 8 diskutiert, sollte bei allen Instandhaltungstätigkeiten Anwendung finden. Zusätzlich ist ein PM-Zeitplan über 52 Wochen ein unabdingbares Muß.

Fortschrittsberichte

TPM muß ein datengestütztes System sein. Bedenken Sie, daß Sie Ihre Betriebsanlagen mit TPEM *managen*. Es gibt zahlreiche Faktoren, die in der Regel vom TPM-Manager erarbeitet und protokolliert werden.

Zu diesen Faktoren gehört:

❏ Fortschritt in jedem Bereich, verglichen mit dem Plan

❏ Anzahl der eingerichteten Arbeitsgruppen und der prozentuale Anteil der beteiligten Angestellten

❏ Anzahl der Schulungsstunden, einschließlich der durchschnittlichen Stundenzahl pro Person

❏ gegenwärtiger Qualifikationsgrad, je Gruppe und Bereich

❏ Anzahl der Ausfälle/Versagen und der Trend, je Bereich

❏ Stillstandsdauer in Stunden und der Trend, je Bereich

❏ gegenwärtige TEEP, OEE und NEE, je Maschine und Bereich

❏ gegenwärtige Gesamtkosten für TPM

❏ gegenwärtige Gesamtersparnis

❏ gegenwärtiger ROI

❏ Verbesserung der Produktivität, die nicht in der Gesamtersparnis enthalten ist

❏ erreichte Erweiterung der Kapazität

❏ andere, dem Instandhaltungsmanagement zuzuordnende Ergebnisse wie MTBF (Mittlere Zeit zwischen zwei Maschinenversagen), PM-Erfüllung, Wartungsproduktivität und Auslastung

❏ andere, eventuell vom Management erfragte Faktoren

Anerkennung, Bestärkung, Feiern

Eine erfolgreiche TPM-Installation hängt von der Zustimmung und der positiven Einstellung von jedem, der daran beteiligt ist, ab. Da es sich bei TPM um ein langwährendes Programm handelt, ist es wichtig, diese Zustimmung und Einstellung aufzubauen und zu bewahren, so daß sie schließlich zur Unternehmenskultur gehören.

Es gibt ausgezeichnete, aber oft zu wenig genutzte Mittel, um dies zu erreichen. Anerkennung und positive Bestärkung sollten von dem TPM- und Werksmanagement bewußt und systematisch eingesetzt werden, damit ein hohes Maß an Zustimmung und positiver Einstellung aufgebaut und bewahrt wird.

Erarbeiten Sie für jedes Team eindeutig definierte *Ziele* oder *Meilensteine*, wie etwa

❏ Umfang der Schulung (zum Beispiel 50 Stunden pro Jahr) oder Qualifizierung, die erreicht werden soll

❏ Anzahl der fertiggestellten Aufgaben (Größenordnung 1.000, Größenordnung 5.000)

❏ Anzahl der abgeschlossenen Verbesserungsprojekte oder Höhe der erzielten Gewinne

❏ ein bestimmtes Maß an erreichter MTBF

❏ Erreichen eines bestimmten OEE

Das Erreichen der Ziele oder Meilensteine muß dann zur Kenntnis genommen und belohnt werden. Hierfür gibt es viele Möglichkeiten und die meisten sind überhaupt nicht teuer. Dazu gehören u.a.: ein Artikel (mit Photos) in der Werks- oder Unternehmenszeitung, Überreichen eines Preises oder einer Trophäe an das Team, Einladen des Teams

Anerkennung der Anlagenleistung

Preis — **Ergebnisse**

Goldmedaille
- Die mittlere OEE lag in den letzten drei Monaten über 85% oder
- Halten einer mittleren Verbesserung von mehr als 50% der OEE gegenüber dem Anfangswert während der letzten drei Monate

Silbermedaille
- Die mittlere OEE lag in den letzten drei Monaten über 75% oder
- Halten einer mittleren Verbesserung von mehr als 40% der OEE gegenüber dem Anfangswert während der letzten drei Monate

Bronzemedaille
- Die mittlere OEE lag in den letzten drei Monaten über 65% oder
- Halten einer mittleren Verbesserung von mehr als 30% der OEE gegenüber dem Anfangswert während der letzten drei Monate

Abbildung 41

zum gemeinsamen Abendessen in Anwesenheit einer Führungskraft des Unternehmens, Überreichen von Hüten, Jacken, Abzeichen, Taschenmessern usw. an die Mitglieder des Teams. Ein schlichter Brief vom Geschäftsführer, voll des Lobes, wird für eine längere Zeit das Team motivieren und stolz am Schwarzen Brett ausgehängt werden, damit ihn jeder sieht.

Und denken Sie daran, daß Worte des Lobes umsonst sind, aber für längere Zeit den Enthusiasmus aufrecht halten.

Erwägen Sie die Möglichkeit, das Erreichen eines bestimmten OEE-Grads der Maschinen anzuerkennen. Verleihen Sie, wie den Gewinnern bei Olympischen Spielen, Gold-, Silber-, und Bronzemedaillen – den *Maschinen*. Kleben Sie ein großes Abziehbild (die Medaille) an die Maschine, gleich neben die Namen der »Besitzer«. Abbildung 41 zeigt eine Auswahl von möglichen Faktoren, die für diesen Zweck in Frage kommen. Natürlich können Sie kleine Duplikate der Medaille herstellen, die sich die Gruppenmitglieder an ihren Firmenausweis heften können, um so ihre Beteiligung an einer medaillengewinnenden Maschine zu zeigen. Worin besteht hier der Anreiz, abgesehen von der Anerkennung? Die Maschinenarbeiter an einer Goldmedaillenmaschine werden sich bemühen, ihr Gold zu behalten, während die anderen Teams versuchen werden, Gold oder irgendein höheres Niveau als bisher zu erreichen. Es wird das Klima eines gesunden Wettbewerbs erzeugt, daß zu einer Bestärkung des Stolzes beiträgt, der so notwendig für eine erfolgreiche TPM-Installation ist.

12
TPM-Installation auf der Überholspur

In vielen Firmen rund um die Welt, speziell in westlichen Industriebetrieben, wird auf das TPM-Projekt erheblicher Druck ausgeübt. Man hat keine Zeit, braucht schnelle Effekte. Dafür gibt es verschiedene Gründe. Oft hat der Fabrikmanager ganz einfach nur eine begrenzte Zeit für diese Aufgabe im Rahmen seiner »job-rotation«, zum Beispiel dann, wenn er eine Niederlassung im Ausland übernommen hat. Dies gilt ähnlich auch für große Konzerne, wo Managementrotation der Regelfall ist. So müssen die Ergebnisse natürlich während der laufenden »Amtszeit« erreicht werden.

Ein viel wichtigerer Grund hierfür ist, daß die *Notwendigkeit für Anlagenverbesserung* so dringend geworden ist, daß jede Verzögerung oder langsame Gangart nicht hingenommen werden kann. Es gibt Fabriken, die die Menge der Produkte, die ihre Kundschaft wünscht, nicht produzieren können und die sogar Aufträge ablehnen müssen. Oft haben diese Fabriken alte Produktionseinrichtungen und eine geringe OEE.

Ein dritter Grund ist, daß der typische westliche Manager einfach nicht in der Lage ist, die Geduld seines fernöstlichen Gegenspielers aufzubringen. Hier soll nicht versucht werden, das Für und Wider dieses Unterschieds zu diskutieren, aber was bleibt, ist die Tatsache, daß die Forderung nach einer Schnellinstallation von TPM häufig vorkommt.

ABC-Analyse der TPM-Aktivitäten für die Schnellinstallation

Nutzen oder Grad der Fertigstellung

100%
80%
50%

A
TPM-EM

B
Training
TPM-EM
TPM-PM
TPM-AM

C
PM- und AM-Prozeß
Kulturwechsel
Ständiges Training
Kontinuierliche Verbesserung
Stabilisierung

„Schnell"-TPM

Geradliniger Fortschritt

1 Jahr   2 Jahre   3 Jahre

Abbildung 42

Ist das denn machbar? Die Antwort ist ja und nein. Man kann Ergebnisse sehr schnell erreichen, indem man sich auf spezielle Anlagen und auf deren schnelle Verbesserung durch TPM-EM konzentriert. Abbildung 42 zeigt eine ABC-Analyse von TPM-Aktivitäten, die schnellere Ergebnisse produzieren können. Man hat zu bestimmen, welches die A-Aktivitäten sind, die eine schnelle Amortisierung ermöglichen. Man kann die Machbarkeitsanalyse, die TPM-Schulung und die Planung schnell durchführen, indem man diesen Aufgaben mehr Ressourcen zuweist.

Es gibt Experten, die in der Lage sind, eine Art »Turbo-TPM« durchzuführen. Dies ist eine kompakte TPM-Woche, in der das wichtigste zu TPM in einer kleinen Abteilung eines Werks erarbeitet wird. Gegenstand dieses Kompaktverfahrens ist zunächst die Zusammenstellung eines ausgewählten Teams aus Mitarbeitern des Unternehmens (Manager, Ingenieure, Mitarbeiter von Instandhaltung und Produktion). Dieses Team durchläuft ein Programm von TPM-Grundschulung bis zu einer kleinen individuellen TPM-Installation in folgenden Phasen:

❏ Intensive Schulung in TPM und der Machbarkeitsanalyse

❏ Inspektion der Anlagen in einem festgelegten kleineren Pilotbereich

❏ Durchführung der Machbarkeitsanalyse im Pilotbereich einschließlich:
  - OEE-Beobachtungen und -Verlustberechnungen für verschiedene Maschinen
  - Anlagenzustandsanalyse in Arbeitsgruppen
  - Analyse des Vergleichs der vorhandenen Qualifikationen mit den notwendigen
  - Analyse der jetzigen Instandhaltung und der zukünftigen
  - Festlegung von Typ I- und Typ II-PM-Aufgaben

- Erarbeiten von Tabellen möglicher Aufgabentransfers
- Erarbeitung des benötigten Trainings

❏ Erarbeiten des Berichts zur Machbarkeitsanalyse

❏ Festlegen der Strategie und der Ziele von TPM

❏ Erarbeiten eines Plans zur TPM-Installation einschließlich:
- Zeitplan
- Werbung und TPM-Informationsblätter

❏ Präsentation gegenüber dem Management
- Bericht zur Machbarkeitsstudie
- Plan zur TPM-Pilotinstallation

Somit ist man durchaus in der Lage, eine Schnellinstallation von TPM durchzuführen. Aber wie die Abbildung 42 auch zeigt, ist die Zeit, die erforderlich ist, um TPM ganz zu installieren, ungefähr dieselbe. Man kann eine Kulturänderung nicht erzwingen oder das insgesamt notwendige Schulungsvolumen verringern. Andererseits kann man Prioritäten festlegen, die die Notwendigkeiten von Anlagen in der ganzen Produktion berücksichtigen. Die 8-Schritt-Methode, die dazu dient, die Prioritäten festzulegen, wurde schon im vorigen Kapitel erörtert. In der Schnellinstallation von TPM wird diese Methode fast immer angewandt.

Man kann allerdings die Machbarkeitsanalyse nicht einfach auslassen. Ganz im Gegenteil, gerade die Schnellinstallation *hängt von einer guten Machbarkeitsanalyse ab*, da sie die wichtigsten Bedürfnisse bestimmt und die wichtigsten Eingangsdaten für die Planung der TPM-Schnellinstallation liefert. Ebenso kann man die TPM-Informationskampagne und die Schulung nicht einfach weglassen. Sie müssen sogar intensiviert werden, damit eine höhere Bereitwilligkeit für die Schnellinstallation von TPM erreicht wird.

Schnellverfahren für die TPM-Installation

27.05.1992

	Aktivität	Juni	Juli	Aug	Sep	Okt	Nov	Dez 1992	Jan 1993	Feb	März	April	Mai
1	TPM-Ankündigung für alle Mitarbeiter und TPM-Werbung												
2	Aufbau der TPM-Organisation für jeden Bereich							TPM-Organisation & Training					
3	TPM-Training für alle Mitarbeiter												
4	Bilden von TPM-Teams												
5	Erstes Reinigen und Vertrautmachen mit der Anlage												
6	Schnelle Aktionen nach einer ersten Bestandsaufnahme												
7	Erarbeitung von Reinigungs- und Inspektionsaufgaben												
8	Analyse der Aufgabenübertragung												
9	Reinigen und Schmieren								TPM-AM/PM				
10	Installation und Ausführung der Anlageninspektionen												
11	Erarbeiten der Schulungsanforderungen und Festlegen der Prioritäten												
12	Entwickeln eines Trainingsplans für jeden Bereich												
13	Zusammenstellen der Trainingsunterlagen für das gesamte Personal								Training der Fähigkeiten				
14	Durchführen des Trainings												
15	Bilden der Teams für die Anlagenverbesserung												
16	Durchführen der Anlagenverbesserung und Wiederaufstellung								TPM-EM				
17	Erarbeiten der TPM-Erfolgskontrolle und des Berichtswesens (kontinuierlich)							Messungen, Bewertungen und Berichte					

Abbildung 43

Starke, gut unterstützte TPM-Manager und TPM-Personal sind Schlüsselkomponenten eines solchen Ansatzes. Auch das dynamische, persönliche Engagement der Bereichsmanager ist wichtig. Man kann den TPM-Lenkungsausschuß für einen bestimmten Bereich relativ schnell einrichten, da das Management seine Besetzung selbst definieren kann. Abbildung 43 zeigt ein Beispiel eines Zeitplans der TPM-Schnellinstallation. Der Ansatz ist der Entwicklung einer TPM-Pilotinstallation ähnlich, da man den Start verschiedener Aktivitäten vieler unterschiedlicher Teams zur selben Zeit vorsieht. Es ist sehr wichtig, sich genau an den Zeitplan zu halten, wenn man die geplanten Ziele wirklich erreichen will.

Die »Zutaten« für jede erfolgreiche TPM-Installation, Schnellverfahren oder nicht, sind:

❏ Ein Unternehmen, dessen Topmanagement sich langfristig für TPM verpflichtet

❏ Kontinuierliches und offensichtliches Engagement und Unterstützung durch das Management

❏ Beteiligung und Engagement des Betriebsrats

❏ Eine gut entwickelte TPM-Personal- und Linienorganisation

❏ Durchführung einer vollständigen Machbarkeitsanalyse

❏ Entwicklung von guten Installationsplänen

❏ Entwicklung einer Strategie, die zu Ihrer Umgebung paßt, die Ergebnisse für Ihre Anlagen produziert und die durch Ihr Personal unterstützt wird

❏ Anerkennung von Erfolgen und kontinuierliche Bestärkung

Wenn Sie diesen Prinzipien folgen, dürfen Sie sich einer erfolgreichen TPM-Installation sicher sein.

Abbildungsverzeichnis

Abb. 1:	Phase I des Anlagenmanagements	47
Abb. 2:	Phase II des Anlagenmanagements	52
Abb. 3:	Lebenszykluskosten (Life Cycle Costs, LCC)	55
Abb. 4:	Phase III des Anlagenmanagements	58
Abb. 5:	Typische TPM-Organisation	66
Abb. 6:	Instandhaltungsabteilung von »Low-tech« nach »High-tech«	74
Abb. 7:	Die drei wichtigsten TPM-Formeln	83
Abb. 8:	Anlagenverluste, die man messen kann und die man messen muß	85
Abb. 9:	Definitionen der Berechnungen des Anlagenverlusts	90
Abb. 10:	Rechenbeispiel	91
Abb. 11:	Anlagenproduktivitäts- und Leistungsberechnungen	96
Abb. 12:	Der kumulative (kubische) Effekt von TPM auf die Anlageneffektivität	98
Abb. 13:	Bausteine von TPEM	102
Abb. 14:	Bedienerschulung im Rahmen des TPM-AM	105
Abb. 15:	Übersicht der Qualifikationsstufen des Bedienungspersonals	121
Abb. 16:	Mittlere Qualifikation des Bedienungspersonals	124
Abb. 17:	TPM-Anlagenlogbuch	140
Abb. 18:	TPM-Aktivitäten in kleinen Gruppen	153
Abb. 19:	Paretoanalyse	154
Abb. 20:	TPM-Anlagenzustandsanalyse	156
Abb. 21:	Anlagenzustandsanalyse (Zustand – Aktion)	159
Abb. 22:	TPM-Fehlerberichtsblatt (»FISH«)	161
Abb. 23:	Ursachen- und Wirkungsdiagramm (Fischgräte)	165
Abb. 24:	Formblatt für die OEE-Beobachtung und -Berechnung	173
Abb. 25:	TPM-Analyse der (erforderlichen/verfügbaren) Fähigkeiten	176
Abb. 26:	Bewertung der aktuellen Instandhaltung	180
Abb. 27:	Zeitplan für die Machbarkeitsanalyse	189
Abb. 28:	TPM-Entwicklung (Ablauf und Organisation)	198
Abb. 29:	TPM-»Aufgabenbeschreibungen«	201
Abb. 30:	Grundsatzerklärung Nr. 18 der Ford Motor Company	204
Abb. 31:	Newsletter (Tennessee Eastman Company)	211
Abb. 32:	Newsletter (Ford Enfield/Treforest)	213
Abb. 33:	Beispiel eines TPM-Gesamtplans	215
Abb. 34:	Beispiel eines Plans für die TPM-Pilotinstallation	217
Abb. 35:	Die 8-Schritt-Methode zur Festlegung von Prioritäten bei der Anwendung von TPM im Produktionsablauf	225
Abb. 36:	Leitfaden für die OEE-Verbesserung	229
Abb. 37:	Analyse zum Übertragen von PM-Aufgaben	231
Abb. 38:	Ablaufplan für die Anfangsreinigung	236
Abb. 39:	Aktionsplan nach der Anfangsreinigung	238
Abb. 40:	Anlagencheckliste	240
Abb. 41:	Anerkennung der Anlagenleistung	247
Abb. 42:	ABC-Analyse der TPM-Aktivitäten für die Schnellinstallation	250
Abb. 43:	Schnellverfahren für die TPM-Installation	253

Stichwortverzeichnis

8-Schritt-Methode 225

A
Anlagenauslastung 81
Anlagenproduktivität, gesamte effektive 81
Anlagenverfügbarkeit 97
Ausstoß 50

B
Berichtsystem 144
Besitzerschaft 123

C
CATS 152, 158
CMMS 65, 148
CO 224
COEE 224

D
Durchsatz 100

E
EU 81

F
Fehlerberichtsblatt 160
FISH 160
fünf »S« 113

G
Gerätelogbuch 59
Gewinn 184

H
Haushaltsführung 183

I
Instandhaltung, autonome 102, 113

J
JIT 37
Just-in-time 37

K
Kostenreduktion 38, 76

L
LCC 54
Lebenszykluskosten 54

M
Machbarkeitsstudie 110, 169, 186, 252
Maschinenlogbuch 139, 142, 160, 182
Methodenanalyse 166
Motivationsgrad 178
MTBF 53, 206

N
NEE 82, 88, 95
Netto-Anlageneffektivität 82
NMOD 226
NOEE 224

O
OEE 38, 82, 88
 -Analysen 155
 -Beobachtungen 174
OJT 118
On-the-job-Training 118

P
Paretoanalyse 154, 164
PDM 49, 107
Pilotinstallation 216, 221
PM 30
 – routinemäßige 128
 – umfangreiche 129
 -Routen 137
 -Zeitpläne 138
Präsentation 220
Predictive Maintenance 49
Produktivität 62
Prozeßkontrollen, statistische 71

Q
Qualitätsrate 93, 97

R
ROA 82
ROI 41, 64, 77, 162, 184
Rüstzeiten 38

S
Six Sigma 36
SMED 38
SPC 116
Stabsorganisation 67
Stillstand, ungeplanter 60
Strichcodetechnologie 141

T
TEEP 39, 81
TO/1–3 120
TPEM 44, 54, 62
TPM 29, 43
 -AM 63, 103, 197, 235
 -AM-Schulung 117
 -Bereichskomitee 202
 -Champion 67, 199
 -EM 63, 103, 107, 197, 223
 -Gesamtplan 214
 -Installationsstrategie 110, 196
 -Kleingruppen 65
 -Lenkungsausschuß 65, 200
 -Manager 67
 -Organisation 209
 -PM 63, 103, 197, 230

V
Verfügbarkeit 92
 – geplante 89

W
Wartung, vorbeugende 30

Z
Zertifizierung 122
Zykluszeiten 37